Desatendido

El Impacto Oculto de las Emociones Negativas en la Salud Mental

Dan Desmarques

22 Lions

Desatendido: El Impacto Oculto de las Emociones Negativas en la Salud Mental

Escrito por Dan Desmarques

Índice

Introducción

Mucha gente cree que el mal en el mundo está causado por fuerzas externas, mientras que otros utilizan el mismo argumento para decir que esto demuestra que no existe ni Dios ni el mal, sino simplemente la naturaleza humana y que el mal forma parte de ella. Pero en Desconocido: El Efecto Oculto de las Emociones Negativas en la Salud Mental, te darás cuenta de que ambas opciones son irrelevantes porque se puede identificar y explicar la verdadera fuente del mal. También se dará cuenta de que el mal es una elección que hacen muchas personas y que si más gente estuviera educada y fuera consciente de esta información, el mal no existiría.

Aunque se pueden encontrar actos de crueldad a lo largo de la historia de la humanidad, persisten en gran medida debido a la racionalización y aceptación general de tales actos por parte de las masas y a su falta de voluntad para elegir otros caminos. Como consecuencia, la depresión y la soledad también se han convertido en parte de nuestras vidas, y pocas personas creen que puedan superar de forma natural estos estados emocionales.

Este libro pretende sustituir la confusión que aún persigue al mundo por la claridad, dando varios ejemplos de lo que hace a una mala persona y cómo detenerla, pero también enseñando cómo podemos encontrar nuestra propia paz mental en un mundo así. Desafía los puntos de vista de muchas religiones de una forma más genuina, honesta, científica y esencialmente práctica. También da esperanzas de un mundo con más justicia, perdón, armonía y dignidad.

Capítulo 1: La oscuridad interior

Las masas se escandalizan al saber que muchos puestos de poder en la sociedad están ocupados por psicópatas perversos y ávidos de poder, pero esto ha sido una realidad durante muchos miles de años. Las consultas de muchos terapeutas también están ocupadas por algunas de las mentes más peligrosas y enfermas.

En algunos casos que me he encontrado personalmente, he llegado a preguntarme si estos individuos eran enfermos mentales y no terapeutas certificados, porque actuaban de forma muy extraña y huían de mí cuando empezaba a enfrentarme a ellos.

Cuando un grupo grande de personalidades de este tipo se reúne, podemos esperar que ocurran las cosas más locas, y los rumores de que muchos de ellos participan en rituales satánicos no deberían sorprendernos. Cuanto más alto se encuentre alguien en esta jerarquía social decadente, mayor será la necesidad de emociones extremas, por lo que encontraremos consumo de drogas, perversión y actividades sádicas en este nivel.

El paracaidismo y el puenting serían una mejor opción para aquellos que buscan más adrenalina en sus vidas, pero creo que cuando la gente tiene suficiente dinero como para no preocuparse por la justicia, tiende a sobrepasar los límites de lo que no debería hacer.

Si se lleva la locura el tiempo suficiente en una sociedad grande, se llega a lo que se llama culturalmente aceptable, por eso se considera parte de la cultura de los chinos, vietnamitas y coreanos matar perros, gatos y ratas de las formas más crueles posibles para obtener más placer del consumo.

La crueldad humana y el placer de matar han sido una constante a lo largo de la historia. El mundo occidental culpa a los mayas de sus sacrificios humanos, pero el Imperio Romano utilizaba sus coliseos para proporcionar a la población del imperio el mismo placer al contemplar espectáculos de prisioneros torturados y devorados vivos por animales salvajes. Entretener al pueblo con espectáculos sádicos era la forma de evitar el descontento y la rebelión mundial.

Más tarde, muchos monarcas europeos hicieron algo parecido al condenar a muerte a muchas personas de las formas más horribles en las plazas públicas. El pánico paralizante de las víctimas era adictivo para las masas y por eso se utilizó repetidamente hasta tiempos recientes.

La tortura y ahorcamiento de muchos ciudadanos de piel oscura en Estados Unidos en las últimas décadas nos muestra una vez más lo malvadas que pueden ser las personas y lo rápido que inventan excusas para torturar a otro ser humano. ¿Podríamos decir entonces que las almas de este planeta son los demonios caídos de las escrituras religiosas?

Debe haber al menos alguna similitud entre lo que observamos y lo que está escrito, y no sería una suposición absurda pensar que muchas personas han sido desterradas a lugares mejores. Además, no ha cambiado mucho en millones de años, salvo algunos avances y sólo en unas pocas culturas. El racismo, los prejuicios y la discriminación siguen existiendo hoy en día, encontrando una forma de expresarse violentamente. Los seres humanos siguen siendo tan primitivos y sádicos como sus antepasados, sólo que ahora suelen compensar estas tendencias violentas con películas violentas y de terror. De hecho, no es casualidad que el terror tienda a ser más explícito, porque necesita estar a la altura de la creciente necesidad de violencia de las masas.

La maldad de las muchas almas de este planeta también se manifiesta en la religión, porque la promesa más popular es el castigo eterno para todos los demás, excepto para los que se consideran especiales y elegidos por un Dios imaginario. No es exagerado decir que una religión que desea el sufrimiento de muchos es sádica y está motivada por intereses psicopáticos, por lo que tampoco es exagerado decir que esas mismas religiones son malvadas en su esencia.

Cualquier religión que utilice la violencia -prometida, imaginada o buscada- como medio para obtener el apoyo de sus seguidores está promoviendo la enfermedad mental y obteniendo apoyo a través del sadismo. Muchos cristianos nos demuestran cuán cierto es esto porque son tan acogedores cuando alguien quiere unirse a su grupo como crueles cuando alguien cuestiona sus creencias. Nunca he visto tanto desprecio por otros seres humanos como en muchas congregaciones cristianas. Pero el Islam no ha dado mejor ejemplo, ya que los saudíes utilizan el Corán para justificar miles de decapitaciones y ahorcamientos cada año, muchos de los cuales tienen sin duda motivaciones políticas.

Cualquier ideología basada en la glorificación de la muerte y el sufrimiento sólo puede ser seguida por enfermos mentales, razón por la cual quienes se educan tienden a abandonar cualquier forma de afiliación religiosa. En el mundo actual, un signo de salud no es ser ateo, sino practicar una fe separada de las mentiras de las muchas instituciones que dicen representarla y que proceden de un largo linaje de prácticas similares.

Históricamente, muchas creencias nuevas surgieron exactamente del mismo modo, por lo que gran parte de la influencia del cristianismo se basa en prácticas tomadas del paganismo europeo.

Capítulo 2: El señuelo de la oscuridad

Los que controlan a los muchos saben que no se puede atraer a un gran número de seguidores a menos que se conecten los valores de la religión con los deseos enfermos y reprimidos de sus seguidores, aunque se presenten como fantasías. Si una religión no proporciona esta fantasía, acompañada de una promesa sádica pero satisfactoria, no obtendrá el apoyo que necesita, porque la gente no está motivada por la razón, sino por el placer, un placer que se encuentra en su bajísimo nivel de conciencia.

No es de extrañar que cada religión popular, de una forma u otra, busque difamar a un grupo de la sociedad para proporcionar el drama que su propio grupo necesita para sentirse motivado a asistir a las reuniones. Los habitantes de este planeta aún no están preparados para vivir en una realidad sin conflictos. La vida sin conflicto les molesta y les hace impacientes y ansiosos o, como muchos me han dicho, el silencio les pone nerviosos.

Siempre tiene que haber conflicto en la Tierra, ya sea un conflicto interno, un conflicto imaginario o un conflicto contra alguien o algún grupo o incluso alguna entidad, para que las personas sientan que sus vidas tienen sentido, porque no pueden fabricar sentido de ninguna otra manera. La evolución de este planeta como colectivo y en este momento necesita pasar por esta toma de conciencia, sin la cual ningún método de curación de la mente puede ser eficaz.

La gente siempre vuelve a su estado agresivo natural cuando no está satisfecha. De hecho, ver a un hombre colgado de una cruz y sangrando da a la gente una sensación de consuelo, como si su héroe y su chivo expiatorio fueran la misma cosa. La Iglesia ni siquiera oculta este hecho cuando llama a Cristo el Cordero de Dios.

Sería ofensivo para los cristianos llamarle el cerdo de Dios, pero el simbolismo es el mismo, con la palabra sus que significa cerdo en latín, y Je o Ge que significa tierra.

Esta mentalidad de las masas es un reflejo de sus ondas cerebrales. Nuestras ondas cerebrales siempre muestran nuestras emociones en un patrón vibracional, y puedes medir estos patrones porque se reflejan en muchos comportamientos, pensamientos y motivaciones. De hecho, se puede aprender mucho sobre la vida privada, las motivaciones y los pensamientos de una persona con sólo escuchar las palabras que utiliza en las frases, cómo mueve los ojos, se viste y coloca el cuerpo.

La gente no es tan diferente como cree. En primer plano, encontramos a muchos que viven en la apatía. No les importa su aspecto ni su bienestar y creen que la vida es una lucha constante. Están obsesionados con el placer porque es la única forma de acallar su dolor. Sus motivaciones e intereses suelen girar en torno a la comida y el sexo.

Siguiendo con el nivel anterior, existe otro grupo motivado por el control y la manipulación. Siempre se creen más listos que los demás y siempre están intentando que la gente les dé cosas en contra de su voluntad, es decir, información sobre su vida privada y alguna otra ventaja que puedan utilizar. También son de los que les gusta calumniar a otras personas a sus espaldas, con el placer de destruir su reputación. Y cuanto más importante y exitoso sea alguien, más intentará este tipo de personalidad reducirlo a la nada.

Como la gran mayoría de la sociedad se encuentra en estos dos niveles, no encontrarás a mucha gente por encima de ellos, aunque muchos fingen estar en los niveles superiores para ocultar sus intenciones y ganarse simpatías. Sus máscaras sociales representan los niveles superiores: compasión, empatía, moralidad y sentido del intercambio de beneficios por el bien común de todos.

Verás que la mayoría de la sociedad finge estar en estos niveles superiores, pero en realidad están por debajo de ellos. El concepto de moralidad para la mayoría de la gente no va más allá de lo que pueden conseguir. Buscan la amistad de aquellos de los que pueden beneficiarse, evitan a ciertas personas y ocultan su odio hacia la gente que no les gusta por su color u origen cultural, y sólo admiran las manifestaciones externas de lo que buscan: dinero, sexo y comida.

Esto se hace muy evidente cuando la gente se da cuenta de que eres rico, porque en ese momento te das cuenta de que todo el mundo quiere ser tu amigo e invitarte a todas partes. Probablemente sea aún más extraño, pero no infrecuente, que muchas de estas personas pertenezcan a alguna religión, porque incluso la religión no es más para ellos que una forma de conseguir más, no de ser mejores.

Muchas personas creen que si pertenecen a un grupo religioso, tendrán más felicidad en la vida que los demás, y si prestas atención a cómo hablan, verás exactamente eso. No intentan mejorarse a sí mismos, sino que muestran obediencia a un poder superior que se manifiesta a través de la máscara de sus líderes religiosos para beneficiarse de más buena fortuna.

Esto no deja de ser sorprendente cuando uno se da cuenta de que muchos de ellos se unen a un grupo religioso para tener un acceso más fácil al sexo. Algunos miembros de los Testigos de Jehová intentaron persuadirme para que me uniera a su grupo diciendo que tienen un gran número de mujeres vírgenes.

Capítulo 3: Las raíces de la oscuridad

Se puede medir el nivel de conciencia de un pueblo de una manera muy sencilla: considere que alguien está tan muerto como el hombre que no puede moverse y tan vivo como el hombre que hace muchas cosas. En medio de esta escala se encuentra un cierto grado de interés, siendo la apatía la forma más baja de interés o desinterés, frente a un nivel muy alto de interés o motivación por algo.

Para que una persona estuviera desinteresada, tendría que odiar literalmente toda su existencia, lo que significa que tendría que someterse a un ciclo desagradable: la rutina de tener un trabajo aburrido, compañeros de trabajo desagradables, un jefe maleducado, etcétera. Y un poco por encima de ese nivel, encontraremos cierta tolerancia, por ejemplo, si el trabajo se ajusta a los intereses personales o si el equipo de trabajo es amistoso. Pero el hecho es que nadie elige a las personas con las que pasa todo el día, y la única opción es dimitir y esperar encontrar un grupo mejor solicitando otro trabajo, razón por la cual las grandes masas tienden a tener un estado mental de conformidad que perpetúan en sus elecciones, en a quién apoyan y a quién se oponen, y en sus valores.

En cuanto a la persona que se encuentra en la cima de esta escala, está impulsada por un leve o fuerte interés por la vida. Tener un matrimonio, una familia con hijos y quizá algunos animales domésticos contribuye a este interés leve, porque la persona está acompañada por quienes pueden proporcionarle frecuentes momentos de placer y felicidad. Pero para la mayoría de las personas, esto es lo máximo que pueden alcanzar en su interés por la vida y, si no lo consiguen, caen en una depresión absoluta, razón por la cual tantos hombres se suicidan después del divorcio y tantas mujeres solteras toman antidepresivos.

Un interés más fuerte, por tanto, es el que viene de dentro, y lo encontramos en personas que practican deporte y tienen algunos hábitos que les dan placer, como pintar, tocar música o participar en un grupo de su elección en el que se reúnen con personas afines. Pocos alcanzan este nivel porque no pueden ir más allá del bar local, donde se toman unas cervezas con los amigos y charlan de cosas triviales, normalmente de poco interés, porque es exactamente ahí donde están: poco o ningún interés por la vida.

Un individuo sano en un planeta así se encontrará solo la mayor parte del tiempo, porque aunque su interés por la vida sea grande, no será comprendido por los demás, los temas de sus conversaciones no parecerán atractivos para los demás y su felicidad hará que los demás se sientan incómodos. Sin embargo, este es el nivel de intención espiritual: la persona que está decidida a vivir una vida con sentido.

Como muchas personas no tienen este propósito, esencialmente van sonámbulas por la vida, desperdiciando toda una existencia sin hacer absolutamente nada. Cuando regresan en un nuevo cuerpo, repiten el mismo ciclo. Por eso las guerras son tan emocionantes para mucha gente, porque el conflicto les da una razón para sentirse vivos, o al menos para intentar sobrevivir.

Más allá de estas situaciones, su mayor desafío son en realidad sus propias enfermedades, que en muchos casos atraen a través de malos hábitos y disposiciones poco saludables. Pero como básicamente somos energía y nuestros pensamientos son energía, la meditación y otras actividades que ayudan a equilibrar nuestras ondas cerebrales tienen un efecto sobre nuestras emociones y bienestar general. Tocar instrumentos musicales, hacer ejercicio, caminar o ir de excursión son actividades que demuestran beneficios para nuestra salud mental.

No existe una correlación entre la sencillez de los ejercicios y sus resultados, por lo que debemos hacer lo que mejor le siente a nuestro cuerpo y lo que más nos conviene. En el caso más sencillo, basta con sentarse en la playa y escuchar las olas, o sentarse en una montaña alejado del resto de la sociedad y escuchar cómo se mueven las hojas con el viento. Varios estudios han demostrado que cuando podemos relajarnos y sentirnos más felices, nuestra salud mejora automáticamente.

Por ejemplo, un estudio de Chan et al (2009) examinó las respuestas fisiológicas de los pacientes que escuchaban música en la unidad de cuidados intensivos (UCI). El estudio descubrió que la musicoterapia tenía un efecto más positivo en determinados grupos de pacientes, especialmente en los de más edad y que utilizaban respiradores, en comparación con los pacientes más jóvenes y con mayor nivel educativo.

Un estudio más reciente de Pratiwi et al (2022) examinó los efectos psicológicos de los componentes de la terapia de parque en las preferencias paisajísticas del campus. Los investigadores descubrieron que la exposición a elementos naturales, como plantas, flores y vistas del cielo, se correlacionaba negativamente con niveles negativos de estado de ánimo y ansiedad (Pratiwi et al., 2022). Esto demuestra que el simple hecho de estar en la naturaleza y disfrutar de entornos naturales relajantes puede tener efectos positivos mensurables en la salud mental.

En un mundo mejor, esto no sería algo que hubiera que buscar, sino que estaría en todas partes. Del mismo modo, los encuentros con otras personas no estarían llenos de ansiedad y preocupación, sino de alegría.

Fuimos creados para apreciar la compañía, el amor y el movimiento, pero tendemos a mantener estas cosas en un nivel muy superficial.

Capítulo 4: Escapar de la oscuridad

He notado mejoras evidentes en mi salud mental al elegir viajar distancias más largas y con más frecuencia, pero esto tiene poco que ver con el acto de viajar y más con la decisión de no tolerar la estupidez. Ya no intento quedarme demasiado tiempo en un mismo país porque he descubierto que la gente puede actuar y parecer muy diferente en cada país que visito, y esta diversidad me mantiene esperanzado y curioso sobre el futuro en lugar de deprimirme por lo que encuentro. Puedo reducir mi ansiedad y concentrarme en mis escritos.

Esto me lleva a afirmar que, en realidad, viajar forma parte del trabajo de un escritor y, sin ello, su escritura corre el riesgo de volverse aburrida, al igual que su carácter como persona. La sensación de apego emocional que sentimos tras una experiencia inicial mantiene la misma emoción durante más tiempo si asociamos nuestra identidad a ella, por eso a muchas personas les resulta difícil no volver nunca al lugar donde nacieron.

Por supuesto, necesitamos sentirnos seguros en nuestro entorno y en nuestras relaciones porque, de lo contrario, el sentimiento de apego no puede producirse, pero tendemos a enamorarnos más rápidamente de quienes representan ese sentimiento de apego, de quienes nos recuerdan a nuestra propia familia, y tendemos a racionalizar los motivos de nuestras decisiones en lugar de tomarlas conscientemente.

Esto también significa que tendemos a atraer recuerdos y experiencias similares precisamente por esta necesidad de pertenencia. Pero también es cierto que muchas personas se enamoran no de personas y lugares, sino de lo que representan en su imaginación, y estas representaciones suelen estar vinculadas a las creadas en la infancia.

Hay que ser maduro a muchos niveles para lograr una vida equilibrada, pero la madurez no proviene de una repetición de experiencias y de una determinada esperanza de vida. Por el contrario, está relacionada con la capacidad de cambiar lo que se nos presenta, de reducir el poder de sus representaciones y de sustituir esas experiencias por otras mejores. Aprendemos de nuestros errores no cuando descubrimos soluciones, sino cuando aprendemos a evitar volver a cometer los mismos errores.

Se puede comparar esta situación con la de un hombre que se corta en la cocina. Puede decidir que, como no puede dejar de cortarse mientras prepara la comida, simplemente se pondrá guantes protectores, pedirá a otra persona que cocine por él o decidirá no cocinar en absoluto. Pero el verdadero reto es cuando consigue utilizar el cuchillo correctamente. Este ejemplo puede parecer una tontería, pero muchas personas se pasan la vida reaccionando de la misma manera ante los mismos problemas, sin mirar nunca más allá de esos problemas. Por ejemplo, cuando enseñaba artes marciales, los alumnos siempre me preguntaban cuál era la mejor técnica contra diversos agresores, a lo que yo respondía: «¡No vivas en su ciudad!».

Si preguntaban por técnicas que podían matar a una persona, yo respondía: «Depende del tiempo que puedas pasar en la cárcel».

La gente tiende a olvidar que los ciudadanos de a pie no tienen derecho a la legítima defensa, y que sólo el gobierno y los militares pueden matar a inocentes sin dar explicaciones a nadie. Si hieres a alguien en defensa propia, acabarás en los tribunales, obligado a demostrar que la amenaza que percibías era real y no ilusoria.

Aunque las leyes de legítima defensa de Estados Unidos permiten en general el uso de una fuerza razonable para protegerse a uno mismo o a otros de un daño inminente, por lo general se sigue esperando que el uso de la fuerza sea proporcional a la amenaza a la que se hace frente. En los países europeos, la ley es aún más restrictiva, y suele hacer hincapié en la desescalada y la retirada siempre que sea posible. Esto significa que el defensor debe explicar no sólo por qué no se retiró cuando se vio amenazado, sino también por qué su respuesta no fue proporcional al ataque. Si el defensor reaccionó antes de que el agresor tuviera oportunidad de herirle, deberá demostrar que la amenaza era real y no imaginaria.

Básicamente, si alguien es apuñalado mientras te preparas para atacarle, vas a la cárcel por asesinato. Si alguien muere durante un enfrentamiento, tendrás que demostrar que tu defensa no fue desproporcionada y causó la muerte intencionadamente, y que tu retirada no fue viable. Esto es más difícil de demostrar si tienes entrenamiento en artes marciales. En general, la amenaza debe ser inminente y real, no meramente percibida o anticipada, lo que hace que los golpes preventivos sean más difíciles de justificar legalmente, aunque es más probable que los golpes preventivos te salven la vida que responder a un ataque (Faradilla & Adwani, 2022). De hecho, la eficacia de un arte marcial no reside en sus técnicas, sino en el entrenamiento necesario para saber qué hacer en cualquier situación, y esto es esencialmente el entrenamiento en golpes preventivos.

Capítulo 5: Enfrentarse a la oscuridad

Dado que la seguridad es un componente esencial de la salud mental, es imperativo señalar que siempre que una sociedad no concede este derecho, se encamina hacia el declive. En muchas jurisdicciones europeas, corresponde al defensor demostrar que sus acciones estaban justificadas en defensa propia, en lugar de a la acusación demostrar que no lo estaban (Faradilla & Adwani, 2022). Algunos países europeos han revisado y, en algunos casos, ampliado los derechos de legítima defensa en los últimos años, pero en general las leyes siguen siendo más restrictivas que en Estados Unidos (Faradilla & Adwani, 2022). El ciudadano europeo medio tiene la ilusión de que puede defenderse, pero la ley rara vez está de su lado.

Por ejemplo, en 2015, un español llamado Francisco Javier fue condenado a seis años de prisión por homicidio involuntario tras apuñalar mortalmente a un hombre que le atacó en un callejón. Francisco Javier alegó que actuó en defensa propia porque el agresor le había amenazado con un cuchillo. Sin embargo, el tribunal dictaminó que el uso de un cuchillo era excesivo y desproporcionado en relación con la amenaza, ya que el atacante aún no había causado daños graves.

En 2017, Luc Fournié, un comerciante francés, fue condenado por asesinato por disparar a un ladrón que había entrado en su tienda. El tribunal dictaminó que el uso de un arma de fuego no estaba justificado en estas circunstancias porque el ladrón no suponía una amenaza inmediata para la vida de Fournié (Nigro, 2016; T. M. Funk, 2021).En 2006, Ermes Mattielli, un chatarrero italiano, fue condenado a cinco años y cuatro meses de prisión por intento de asesinato tras disparar y matar a dos ladrones que habían irrumpido en su propiedad. Los ladrones, que iban desarmados, intentaban robar chatarra cuando Mattielli abrió fuego, hiriendo a ambos. El tribunal dictaminó que el uso de un arma de fuego era desproporcionado en relación con la amenaza que suponían los ladrones desarmados y que Mattielli no actuó en defensa propia.

En 2018, Klaus G., un hombre alemán, fue condenado por homicidio involuntario por apuñalar a un ladrón que entró en su casa. El tribunal dictaminó que el uso de un cuchillo fue excesivo y desproporcionado en relación con la amenaza que suponía el intruso desarmado (Bagaric, 2018; Wassén, 2010).Podemos estar protegidos o no por las leyes del país en el que nos encontramos, pero la situación es mucho peor si eres inmigrante y el país está lleno de racistas y xenófobos, como ocurre en Polonia, Alemania, Francia, Italia, Grecia y prácticamente todas las naciones europeas, por lo que es peligroso para una persona de piel más oscura viajar con seguridad por Europa. Además, como la amenaza de robo o incluso de discriminación se encuentra en las mismas vibraciones, pero más bajas, es posible determinar el nivel de maldad de un pueblo y de su país determinando efectivamente la frecuencia en la que se encuentran.

De hecho, al igual que los individuos tienen una frecuencia, los países también tienen una frecuencia colectiva. Esto es lo que les hace responsables y capaces de evitar el peligro. Sabemos que determinadas personas y entornos afectan a nuestro bienestar cuando se produce un cambio en nuestras ondas cerebrales, por lo que atraemos más situaciones que reflejan ese estado emocional negativo.

También es cierto que atraemos nuestros problemas tanto como elegimos tenerlos, eligiendo los ambientes equivocados, lugares donde la energía predominante es negativa. Muchas personas eligen negar sus emociones y pensamientos, incluso suprimirlos con diversas teorías y técnicas, o compensarlos con otras emociones -la llamada necesidad de peligro y adrenalina-, pero ésta no es la forma más sana de resolver un problema.

Cuando observamos lo que nos afecta, es obvio que las casas, las ciudades y las personas nos afectan, independientemente de lo fuertes que nos creamos. Los llamamos personas tóxicas y entornos tóxicos porque el efecto es similar al de vivir en una ciudad muy contaminada.

Cuando vivía en Shanghai, comía alimentos sanos y tomaba medicamentos para mejorar mi salud, pero me sentía cada vez peor con el paso del tiempo, simplemente porque estaba expuesta a toxinas muy peligrosas en el aire. La única solución posible era abandonar la ciudad, pero me di cuenta de que algunas soluciones son sencillamente inaceptables para mucha gente. El resto de los extranjeros prefieren tomar medicamentos peligrosos que pueden provocarles un derrame cerebral y no cambiar nunca su estilo de vida. Las masas prefieren morir donde están antes que cambiar. Y muchos pasan toda una existencia en la miseria absoluta.

Al presenciar muchas de estas situaciones, llegas a darte cuenta de que la verdadera tragedia de la vida humana es, de hecho, la enfermedad mental, la falta de recursos y la impotencia aprendida, y no lo que ocurre o las desgracias a las que se enfrenta la gente. Un problema no es igual para todos si una persona puede coger un vuelo el mismo día que decide hacerlo y otra no.

Capítulo 6: Trascender la oscuridad

La gente siempre se sorprende al ver lo rápido que tomo decisiones, pero no pueden ver lo contrario, es decir, que simplemente no tienen la opción. También es cierto que una persona puede estar tan derrotada que ya no quiera luchar por su vida. Esto ocurre a través de insultos, calumnias, culpabilidad y muchas otras emociones que los de abajo nos infligen para hundirnos y hacernos tan apáticos como ellos. Y no es casualidad que el chivo expiatorio de una familia suela ser el más creativo, curioso y abierto de todos. En lugar de sustituir su miseria por la admiración, la gente la sustituye por el desprecio hacia quienes están más sanos que ellos.

Muchos se preguntan por qué los seres más evolucionados de otras galaxias no quieren entrar en contacto con la gente de la Tierra, pero no es difícil entender por qué, porque incluso aquellos de este planeta que han alcanzado un estado mental más elevado no quieren encontrarse entre las masas. Cuando tu vibración está en un nivel muy alto, todos los demás te temen y te odian y te insultan constantemente. Es normal que no quieras ser discriminado por ninguna razón que no sea el hecho de que estás recorriendo un camino que otros se niegan a recorrer e incluso se oponen.

He visto esta correlación en mi propia vida, porque siempre que me sentía bien, los de abajo reaccionaban más como si mi existencia les molestara. Esa es la naturaleza de las personas que están en el fondo, y por eso no podemos sentir compasión por ellas. De hecho, muchas enseñanzas religiosas han sido malinterpretadas por tontos que se encuentran en la parte inferior de esta escala. No se puede esperar que las personas de naturaleza inferior comprendan las enseñanzas de una naturaleza superior.

Como he visto muchas veces en mi propia experiencia de vida en muchos grupos religiosos diferentes, la mayoría de la gente no puede ver realmente lo obvio cuando están por encima de su nivel espiritual. Está oculto a sus ojos y mentes, aunque esté presente en los libros que utilizan.

Como ejemplo, usaré las frases comúnmente conocidas:

«Amad a vuestros enemigos y orad por ellos» (Mateo 5:43);

«Si alguien te golpea en la mejilla derecha, vuélvele la otra mejilla» (Mateo 5:38);

«En todo, haced a los demás lo que queráis que os hagan a vosotros» (Mateo 7:12);

«Dad al César lo que es del César y a Dios lo que es de Dios» (Marcos 12:17).

Ya sabes que la inmensa mayoría de la población de este planeta está extremadamente enferma mentalmente cuando se trata de encontrar la Verdad, y te la ocultan sistemáticamente y luego la velan con millones de capas de desinformación que te obligan, de un modo u otro, a aceptar las creencias dominantes de las masas. Por eso nunca encontrarás la verdad a menos que tengas un determinismo muy fuerte, no sólo para encontrar la información real, sino también para oponerte a todos los lunáticos que viven en el planeta.

Una técnica sencilla que puedes utilizar para llegar a la fuente de esta verdad es seleccionar cuidadosamente las palabras clave y luego comparar sus significados con las culturas que han interferido en las interpretaciones. Por ejemplo, ya se sabe que el Nuevo Testamento de la Biblia no fue escrito por los discípulos de Jesús y que fue escrito originalmente en lengua griega, reflejando muchas otras historias ficticias conocidas en la época, por lo que debemos fijarnos en la lengua griega y sus significados para comprender lo que se está enseñando: El amor puede interpretarse como afinidad, por lo que de lo que realmente estamos hablando aquí es de sentir compasión por nuestros enemigos, lo que también puede significar ser compasivos hacia su ignorancia y no necesariamente amarlos tal y como son. Esto es fácil de entender cuando ves a un pobre insultando a los demás.

Por ejemplo, a menudo he visto a un ciego que pedía dinero en el metro de Lisboa (Portugal) y, como eran pocos los que le daban monedas, bendecía a los que le daban dinero, pero maldecía e insultaba a los que no lo hacían. Nadie se enfadó con él. ¿Cómo iban a enfadarse con él? Era ciego, pobre y pedía dinero en el metro. Nuestros enemigos se encuentran en una situación similar. Su ignorancia es su pobreza. Su cólera está condicionada por su ceguera. La forma en que reaccionan está relacionada con cómo se sienten, porque realmente no pueden ver ni entender lo que les pasa. Este es el significado de tener compasión por nuestros enemigos.

En cuanto a los consejos sobre cómo reaccionar ante los insultos y la violencia, se nos instruye a «poner la otra mejilla», que en griego significa ir hacia otro lado, pero también puede interpretarse como dar a la otra persona la oportunidad de insultarte de nuevo.

Entendemos esto con otra recomendación de la misma fuente, que dice: «Haz a los demás lo que quieras que te hagan a ti». Así que podrías preguntarte: ¿Cómo te gustaría que reaccionara una persona si la insultaras o le dieras un puñetazo en la cara? La situación no se resolvería si la persona se volviera contra ti, así que la única solución sería abandonarla a su suerte.

Estas recomendaciones también incluyen otros consejos similares, como «a Dios lo que es de Dios», que significa no confundir las cosas terrenales con las divinas, porque las leyes no son las mismas ni se rigen por los mismos principios. Esto se explica por sí mismo, porque no podemos entender las leyes de Dios por los mismos principios que utilizamos para estudiar nuestras propias leyes.

Esta enseñanza nos dice claramente que existen diferentes niveles en nuestra comprensión del mundo, y que el más elevado no es comparable al más bajo. Te das cuenta de ello cuando intentas explicar la escritura de los libros a alguien que no lee, o cuando intentas explicar el mundo y sus múltiples culturas a alguien que no tiene interés en viajar. Es como si les hablaras en otro idioma, porque no te entienden.

Capítulo 7: La ilusión de la oscuridad

Cuando hablo con personas que son muy estúpidas, y son la inmensa mayoría en este mundo, cuando les digo que me gano la vida escribiendo libros, se ríen porque creen que es mentira. Que la realidad no encaja en su cerebro, que está lleno de pensamientos estúpidos. Pero ahora volvamos a las enseñanzas anteriores y veamos cómo encajan, porque en realidad no puedes ofender a quienes te insultan desde su posición de ignorancia, sólo puedes ignorarlos. Puedes rezar para que encuentren su camino, pero eso es realmente todo lo que puedes hacer por ellos, como también nos enseña la Biblia. Vemos, pues, que existe cierta correlación entre lo que entendemos, nuestras emociones y cómo nos comportamos en el mundo. Las personas que comprenden las limitaciones de los demás no se dejan consumir por la ira, sino que siguen adelante con sus vidas y los ven como lo que son: tontos.

No espero que la gente con niveles muy bajos de comprensión sea capaz de ver estas cosas, porque estas verdades no son visibles para ellos. Sólo a medida que evolucionas ves la realidad del mundo y el estado mental de la mayoría, así que aquellos que piensan que son mejores que los demás porque sólo tienen pensamientos positivos son en realidad peores que los demás porque suprimen la verdad dentro de sí mismos. El que se enfada con la realidad siempre está en mejor estado mental que el que no ve nada, porque al menos el que se enfada es capaz de ver algo, aunque no haya solución.

Algunas personas piensan que he tenido éxito en la vida debido a mi enfado y resentimiento, pero esto es una suposición falsa, porque he tenido éxito a pesar de mi enfado y resentimiento. Tienes éxito con determinación, no con ira y resentimiento, pero te encontrarás con muchas personas en el camino que te traicionarán, te robarán, te mentirán a ti y a los demás sobre ti y te insultarán de diversas maneras porque quieren que estés enfadado y resentido. La ira y el resentimiento te enfermarán, deprimirán y desmotivarán, por eso cuanto más conquistes, más ataques recibirás.

No puedes ignorar estas cosas ni dejar de sentir ira y resentimiento, pero debes fortalecerte para superar estas emociones, no alimentarlas.

Una cosa que siempre he tenido clara es que no puedes cambiar tu vida a menos que estés descontento con ella, así que quien me decía que dejara de quejarme y aprendiera a aceptar las cosas como son, nunca cambiaba. A sus ojos, me estaba quejando sin motivo, porque no entienden que la insatisfacción es la precursora del cambio. Nunca cambiarás lo que has aprendido a aceptar, por eso los consejos que oyes de la mayoría de la gente no se corresponden con cómo funciona la vida.

Lo he visto a lo largo de mi vida con mis propios alumnos. Los que han aprendido a aceptar sus resultados negativos se vuelven apáticos y pueden ponerse en contra de todos los demás, especialmente de los mejores alumnos, llegando incluso a acosarlos. Empiezan a asociarse con alumnos que tienen sentimientos y opiniones similares.

Si ayudas a uno de estos alumnos, primero entrará en un estado de ira, reaccionando a tus esfuerzos por ayudarle e incluso saboteando todo el proceso. Pero si la ayuda funciona, se sentirá más feliz, cambiarán sus elecciones vitales y obtendrá mejores resultados. También se vuelve más curioso sobre la vida y más proactivo a la hora de tomar decisiones que conduzcan a mejores resultados.

Curiosamente, aunque nunca se menciona su vida social, se puede ver que se ha distanciado de otras personas que se encontraban en un estado de apatía porque ya no se identificaba con ellas.

He visto la misma transición en mis propios lectores. Primero, cuestionan e incluso desconfían de todo lo que leen. Luego repliegan esta lucha sobre sí mismos, con cambios de hábitos que les aíslan. Luego se dan cuenta de que la gente que conocían antes no tiene sentido y buscan nuevos amigos. Finalmente, encuentran nuevos amigos, una nueva relación y un nuevo propósito en la vida.

Sin embargo, muchas de las respuestas ofrecidas por el sector de la salud mental no muestran un camino tan esperanzador. Por ejemplo, cuando los psiquiatras deciden dar descargas eléctricas a los pacientes, están abandonando sus teorías al utilizar la fuerza para alterar las ondas cerebrales, y esta fuerza interrumpe el proceso natural de modo que el individuo parece estar mejor en la superficie, pero con el tiempo pierde la capacidad de pensar con claridad e independencia. No es posible separar al individuo de su pasado y sus traumas, y esto no es necesariamente un enfoque pesimista, a menos que consideremos que el pasado determina el futuro.

Nuestra identidad como persona se forma en torno a todo lo que nos sucede, y cuando cortamos estas conexiones, también borramos una parte de nosotros mismos. Esto no significa que tengas que sufrir por tus traumas, sino que necesitas entender cómo afectan a la imagen que tienes de ti mismo y a tus decisiones, para poder tomar mejores decisiones y pensar en ti mismo sin que los traumas te afecten. Una persona que no sabe quién es o que no recuerda su pasado no puede hacer eso. Pero peor que eso es cuando empezamos a justificar nuestra vida con nuestro pasado.

Capítulo 8: Recuperar la luz

Nuestro potencial sólo puede liberarse cuando afrontamos los obstáculos que se manifiestan ante nosotros, no cuando los racionalizamos, porque en muchos casos es el miedo que llevamos dentro, y no el recuerdo, lo que condiciona nuestro pensamiento. Por ejemplo, vi lo rápido que cambió mi personalidad cuando empecé a entrenar Muay Thai, porque este entrenamiento eliminó el miedo que habían sembrado en mí mis familiares. Ningún otro arte marcial hace eso, y la meditación desde luego no es tan profunda como recibir muchos golpes y afrontar la pérdida. En otras palabras, cambié cuando perdí el miedo a perder, porque fue entonces cuando el miedo desapareció definitivamente. Después de ese momento de mi vida, pude asumir más riesgos y tomar más decisiones difíciles que, de un modo u otro, me ayudaron a avanzar.

Esto no significa que nuestros miedos no sean importantes, sino que aprendemos a no dejar que nos impidan tomar decisiones. Un cambio completo en nuestra personalidad está formado tanto por lo que sabemos que podemos hacer como por lo que sabemos que no podemos hacer, pero también por la comprensión de nuestros propios comportamientos emocionales y las reacciones a esas mismas emociones. Dicho esto, la mejor manera de rehabilitar a alguien es aumentar su potencial en algún ámbito de la vida, preferiblemente uno de su propia elección.

Los niños aprenden sobre el mundo y sobre sí mismos interactuando con el mundo, y lo mismo ocurre con los adultos. Es a través de nuestras interacciones con el mundo como llegamos a conocernos mejor a nosotros mismos.

Esto no significa que debamos juzgarnos en consecuencia, sino que debemos ver el camino de nuestras elecciones simplemente como los caminos que hemos elegido para nuestro propio autodesarrollo.

Si juzgáramos a todos los animales por su capacidad para nadar, a un mono no le iría bien en comparación con los cocodrilos, pero si juzgáramos a los animales por su capacidad para trepar a un árbol, a los monos les iría mejor. Del mismo modo, si observamos nuestra mente, nuestra personalidad e incluso nuestra apariencia, es obvio que algunos lugares, algunas personas y algunas actividades nos harán más exitosos y felices que otros.

Se sabe que cuando las personas se sienten bien consigo mismas y tienen una alta autoestima, tienen más probabilidades de superar adversidades y retos de diversa índole. Pero una de las formas más importantes de resolver un problema es mirarlo desde distintos ángulos, lo que obviamente sólo es posible para alguien que no está deprimido. Son capaces de externalizar su análisis de la realidad más allá de sí mismos y encontrar formas creativas de resolver los problemas. Pero nuestro mundo fue creado para mantener oculto este conocimiento, porque si más gente buscara alternativas a su estilo de vida, se produciría el caos, con todo el mundo tirando de la realidad hacia sus propias necesidades. El sistema depende de la ignorancia de sus miembros para sobrevivir, así que se reproduce a través del sistema de creencias de esos miembros.

El resultado de esta creciente individualidad sería también que la gente empezaría a cuestionarlo todo, incluidas las prácticas que se les aplican, y es entonces cuando entrarían en cuestión las grandes industrias, como las que invierten en psicofármacos. Pero el mundo no se desarrolla según los resultados, sino según las inversiones financieras, y los que más invierten en el mundo controlan el mundo.

Es fácil concluir que los políticos no tienen poder en comparación con los banqueros y los jefes de las instituciones más influyentes. De hecho, la forma más fácil de obtener influencia social es crear una institución que pueda obtener esa influencia.

Con el tiempo, también hemos visto cómo algunas instituciones han obtenido el control sobre otras, como el sector farmacéutico, que ahora controla en gran medida el sistema educativo y las prácticas médicas, pero también dicta cómo la psiquiatría debe tratar a los enfermos mentales.

El sistema está condicionado y manipulado de una determinada manera, no porque sea más veraz o agradable, sino porque es más rentable para algunos. Cuando la opinión pública no está de acuerdo con los beneficios de los que tienen el control, es influenciada por otros agentes que utilizan la información para manipular esa opinión. Aquí vemos cómo el dinero invertido en plataformas de medios sociales, noticias de televisión e incluso religión y movimientos sociales se utiliza para controlar a las masas.

No es de extrañar, entonces, que las masas no puedan distinguir los hechos de las opiniones y no sepan que la investigación no se basa en sus hallazgos, sino en las preguntas que se hacen; además, una mente que ha sido condicionada para ver el mundo de una determinada manera nunca hará las preguntas correctas, razón por la cual las masas están fundamentalmente atrapadas en su visión binaria de la realidad.

Ha habido muchos momentos en la historia en los que esto ha quedado patente, aunque las campañas para desacreditar al 45º presidente de Estados Unidos, Donald J. Trump, son probablemente el mejor ejemplo de ello. No hace falta estar de acuerdo o no, gustar o no gustar de este individuo para ver hasta qué punto esto es cierto y cómo la democracia no es más que un juego controlado por los más poderosos.

Capítulo 9: Desentrañando las sombras

Si las élites pueden manipular a la opinión pública en contra de un presidente, ¡imagínese lo que pueden hacer con el individuo corriente que se atreve a oponerse al sistema! Este individuo no suele tener ninguna posibilidad, porque su oposición vendrá de la gente que conoce.

He visto esto en mi propia vida, con ataques a mis opciones religiosas por parte de personas que piensan que la televisión les ha dicho todo lo que necesitan saber sobre estos grupos, e incluso piensan que saben más que yo, que estuve allí y experimenté cosas que ellos no vivieron. También he visto el mismo tipo de ataques contra personas a las que he ayudado a curar enfermedades utilizando sólo alimentos, de nuevo por parte de personas que no saben nada al respecto, pero confían en lo que les dice la tele.

Existe la idea de que los médicos son expertos en salud, como si lo supieran todo sobre el tema y no se les pagara por seguir unas pautas concretas. Mucha gente no sabe que los médicos reciben un porcentaje de los medicamentos que recetan y otras gratificaciones, como vacaciones pagadas en hoteles de lujo. Otra cosa que no saben es que las empresas funerarias también ofrecen dinero a los médicos a cambio de información, es decir, que un médico no sólo se beneficia de la enfermedad de un paciente, sino también de su muerte.

Lo que comemos no recibe tanta atención como debería, porque casi todas las enfermedades pueden curarse con comida. Incluso nuestra salud mental puede verse afectada por lo que comemos. Por ejemplo, he observado una correlación entre comer alimentos procesados y deprimirse, y comer fruta y verdura fresca, especialmente alimentos crudos como ensaladas con frutos secos, y sentirse mucho mejor.

Aunque nuestras experiencias negativas pueden llevarnos a la depresión, los efectos de ésta son mucho mayores cuando una persona no lleva una dieta y un estilo de vida saludables. Pero tampoco estoy de acuerdo con los que creen que beber alcohol y fumar drogas ayudará a su creatividad, porque aunque lo crean, nunca he visto salir de sus manos ninguna gran obra. A menudo, su éxito tiene más que ver con su falta de conciencia y su absoluta vulgaridad que con su singularidad como artistas.

La gente confía demasiado en sus drogas, pero una droga no es más que una combinación química de elementos que se encuentran en los alimentos. Por otro lado, siempre te verán como un loco por no hacer lo que hace todo el mundo sin pensar lógicamente sobre cualquier cuestión. Por ejemplo, muchas enfermedades que aquejan a las personas pueden atribuirse directamente a lo que consumen, incluido el tipo de medicación que eligen y sus efectos secundarios.

No estoy diciendo que debas sufrir por tus traumas, sino que cada cosa tiene su momento, y es la deconstrucción adecuada de ese momento lo que nos permite evolucionar, y algunos hábitos nos ayudarán a conseguirlo más rápido que otros.

Las muchas filosofías religiosas conocidas han intentado enseñarnos estas cosas porque eran los únicos métodos que la gente tenía antes para superar sus dificultades. El taoísmo, por ejemplo, nos enseña que todo entra en un ciclo y que lo que tiene un lado negativo también puede tener un resultado positivo. En el budismo, aprendemos que el sufrimiento es una ilusión porque está relacionado con el apego, y que cuando nos desprendemos de la ilusión que proporciona el sufrimiento, podemos encontrar la paz interior.

En ambos casos, nos enfrentamos a la comprensión de que nuestras dificultades son sólo la superficie y que nada permanece en nosotros a menos que se lo permitamos. Incluso el cristianismo nos enseña lo mismo cuando nos dice que tengamos compasión de nuestros enemigos. En esencia, nos están diciendo que el apego al dolor es la verdadera causa de nuestro sufrimiento, pero nuestra alma nunca está apegada.

Esto se comprende fácilmente a través del proceso de reencarnación, ya que lo que te ocurrió en otro cuerpo ahora te es irrelevante y puede superarse.

Para entender esta transición, considera tu nombre como una identificación de quién eres. Si alguien te llamara estúpido por otro nombre, o te lo dijera en un idioma que no entiendes, no te afectaría tanto como si alguien te dijera algo en un idioma que sí entiendes y lo asociaras con tu nombre real. Este es un ejemplo de la ira y el sufrimiento asociados al apego emocional.

Desde otra perspectiva, considere que es difícil aferrarse a viejos recuerdos cuando uno está ocupado creando otros nuevos, razón por la cual pasear por la naturaleza, viajar, mudarse a nuevas ciudades y conocer gente nueva son tan importantes para nuestra salud mental.

Vemos lo que nuestros ojos pueden ver, y ellos sólo ven lo que nosotros podemos entender, por lo que existe una correlación directa entre nuestras enfermedades y lo que pensamos sobre ellas. Cuando aprendemos a ver el mismo problema desde perspectivas diferentes, nos damos cuenta de que nuestro propio problema no es tan importante como pensábamos. Por ejemplo, la depresión nunca es tan importante como el grado en que te impide tomar nuevas decisiones que afectarán a tu futuro, pero también es cierto que cuanto más te centres en crear ese futuro, menor será el impacto de la depresión sobre ti.

Capítulo 10: Aceptar el cambio

Como he visto en mi propia vida, el simple hecho de cambiar de ciudad puede bastar a menudo para cambiar la forma en que nos sentimos con nosotros mismos y nuestra motivación para vivir. La acción proviene de vibraciones más elevadas, así que debemos pensar en términos de acción antes de poder resolver un problema. Pensar en la vida en la cama nunca ha ayudado a nadie a resolver nada.

Existe una conexión entre la salud, la acción, la motivación y el cambio. Elige una de ellas y el resto vendrá solo. En muchos casos, una acción pequeña pero consistente hará más por tu bienestar que una solución, por eso necesitas al menos salir a caminar todos los días.

Esto es lo contrario de lo que tiende a hacer la mayoría de la gente, que es esperar a que llegue el cambio para justificar cualquier acción.

Por otro lado, si te concentras en una acción durante el tiempo suficiente, este esfuerzo concentrado crea una energía que se alimenta de sí misma, y es en ese momento cuando sientes que el nuevo hábito te convierte en la persona que eres. Después, los viejos hábitos que ya no encajan con la nueva persona simplemente desaparecen.

Esta es una buena representación de lo que te ocurre cuando intentas superar recuerdos dolorosos del pasado. Porque los recuerdos pueden seguir ahí, contigo, y sin embargo resultarán irrelevantes y no afectarán a tus decisiones.

Tardé mucho tiempo en darme cuenta de esto, a pesar de los muchos estudios que hice en el campo de la salud mental, porque todo el mundo parecía empeñado en decirme que los viejos traumas siempre afectarán a mi personalidad y que no hay nada que pueda hacer al respecto. Pero una de las principales preguntas que me hago ahora, cuando intento superar un trauma, tiene que ver con su opuesto: no me pregunto por qué el trauma me impide seguir adelante, sino qué hay delante de mí que me asusta.

Sé que cuando se elimina este bloqueo, el trauma pierde automáticamente su poder para retenerme.

Tomemos, por ejemplo, el final de una relación o un divorcio. En esta situación, el verdadero sufrimiento no proviene de lo que está ocurriendo, sino de la perspectiva de lo que podría ocurrir: la soledad y la incapacidad de encontrar a otra persona o a alguien mejor.

Este miedo se basa en nuestra imaginación, ya que no tenemos ni idea de cómo será nuestra vida, pero se hace más fuerte por nuestro apego al pasado y el dolor de perder a alguien.

Los traumas asociados a la humillación pueden analizarse del mismo modo, porque la humillación no es tan importante como el hecho de que no sepamos quiénes somos. A menudo esperamos que los demás nos digan quiénes somos, y por eso estos traumas cobran fuerza. Pero, ¿y si lo que tú piensas de ti mismo es más importante que lo que piensan los demás?

Permítanme ilustrarlo con mi propia experiencia vital: la gente se rió cuando dije que iba a escribir un libro. Luego no podían creer que ya hubiera escrito docenas de ellos. A día de hoy, mucha gente me habla como si todo fuera mentira. Pero ¿hasta qué punto me afectan realmente sus opiniones sobre mí? Pueden irritarme, pero no pueden impedirme ser quien soy.

Del mismo modo, las personas a las que desprecias no tienen por qué tener el poder de controlar tu destino. Sería una tontería darles ese poder. En cuanto empieces a reconocer tus mejores rasgos de personalidad, su poder desaparecerá. Pero aquí viene lo mejor: no eres lo que ves, sino lo que eliges ver. Esto significa que puedes elegir literalmente la personalidad que quieres tener.

Nuestra personalidad suele estar determinada por nuestro entorno, nuestra familia y nuestros amigos, pero de adulto puedes elegir dónde vives y quiénes son tus amigos, o si quieres o no mantener el contacto con las personas que te criaron, lo que significa que puedes cambiar a dónde vas cambiando tu personalidad, y lo haces cambiando todas las cosas que influyen en esa personalidad. De hecho, se espera que tu personalidad cambie en función de los resultados que obtengas.

Por ejemplo, si te acosaban en el colegio, puedes decidir que quieres convertirte en una persona más fuerte y segura de ti misma, y esto te llevará a practicar artes marciales, levantamiento de pesas y hablar en público. Luego, cuando te sientas lo bastante seguro y fuerte, puede que decidas que lo único que realmente quieres es vivir en paz y entonces vuelvas a cambiar de vida, ahora hacia una existencia más relajada, quizá cerca de una playa o en una isla.

Eso es lo que me ha pasado a mí, porque viajo tanto que no tengo tiempo suficiente para unirme a un grupo de entrenamiento. Siempre estoy centrada en mis libros y, como escritora, sentirme en paz es más importante que lidiar con constantes conflictos con gente inmoral e ignorante. Así que si vivo en un lugar muy bonito, pero estoy rodeado de racistas de Estados Unidos y Gran Bretaña, me iré, y por eso no me encontrarás en Hungría, Polonia o España y muchos otros países que suelen ser su opción favorita.

Capítulo 11: Cultivar las conexiones

No tendrás tiempo para sentirte triste o enfadado si sigues tomando decisiones basadas en tus objetivos y no en tus experiencias. Por eso suelo decir a mis seguidores que buscan una relación que la forma más rápida de encontrarla es dejar de pensar en encontrarla. No puedes saltarte pasos en tu autoconocimiento, y una relación no es más que una interacción privada con alguien con quien disfrutas pasando el tiempo, así que la forma más rápida de descubrir a esa persona no es tomar esa decisión en primer lugar, sino simplemente volverte más sociable como persona. Nadie te querrá si no sabes querer a los demás, y ésta es una habilidad que debe aprenderse con la experiencia. Quien quiera encontrar el amor debe aprender a amar el mundo tal como es, y eso significa hacer nuevos amigos.

No es difícil hablar con desconocidos, como he visto en todos los países que he visitado, porque hasta el camarero parece querer entablar una conversación. De hecho, los mejores baristas tienen que disfrutar interactuando con los clientes para justificar su trabajo, así que es una forma estupenda de practicar la sociabilidad.

No estoy diciendo que fuerces las conversaciones, sino que invites a la gente a compartir su tiempo contigo. Suelo hacerlo con una simple pregunta que hacen ellos o que hago yo. Si la pregunta despierta cierto interés, entonces pruebo hasta qué punto puedo mantener a la persona interesada en hablar conmigo.

Si eres demasiado tímido para iniciar una conversación con alguien del sexo opuesto, puedes iniciar una conversación al azar con una persona de tu mismo sexo. Las personas mayores hacen esto con desconocidos todo el tiempo. La forma en que las personas solitarias inician conversaciones con desconocidos es muy sencilla y suele tener que ver con algo que observan. A continuación, miden el nivel de interés de la otra persona haciéndole más preguntas.

Esto se puede hacer incluso paseando por la calle. Puedes empezar simplemente haciendo una pregunta sobre una calle o un banco que estés intentando encontrar y luego continuar con más preguntas que hagan que la persona quiera seguir hablando. Yo suelo mencionar algo único de la persona, como un tatuaje o un collar, porque a todo el mundo le gusta contar la historia de su vida. Estos son probablemente los ejemplos más fáciles de utilizar para aliviar los sentimientos de soledad y desarrollar habilidades para interactuar con otras personas.

Cuando se te da bien hablar con otras personas, seguro que atraes una relación, y lo sé porque lo he visto muchas veces en mis propios lectores. De hecho, a menudo pierdo el interés por las mujeres que no saben comunicarse bien y valoran su aspecto. La mayoría de la gente no busca otro mueble cuando busca una relación, sobre todo alguien a quien le guste viajar.

La capacidad de cambiar nuestra actitud hacia los demás empieza en nuestra propia mente, en la percepción que tenemos de nosotros mismos, y esta percepción puede cambiar si decides cerrar los ojos e imaginarte haciendo cosas que no sueles hacer, como acercarte a desconocidos. Dudo mucho que tengas tiempo para pensar en la soledad cuando empieces a hablar con otras personas, por eso esta exteriorización, centrada en la necesidad de tomar más medidas en tu vida, marca tanta diferencia en cómo te sientes y en tu salud mental.

La suerte es siempre el resultado de muchas probabilidades que caen a nuestro favor, pero sólo puedes avanzar en esa dirección si te centras en tus sueños. La gente siempre piensa que tengo suerte si encuentro una casa estupenda en la playa, si empiezo una relación con una mujer guapa o si gano dinero con los libros, porque no ven cuántos fracasos he tenido antes, cuántas personas me han ignorado cuando he intentado hablar con ellas, o incluso me han insultado en algunos casos, cuántas casas he alquilado que no eran lo que yo quería sino fraudes, o cuántos años he sufrido intentando cumplir mis sueños. Ahora, sí, parece que todo gira en torno a la felicidad, pero desde luego no estoy compartiendo fotos de las peores cosas que he visto en mi vida ni pasando tiempo con las mujeres que me insultaron.

De hecho, hay mucha soledad en tratar de encontrar las cosas que te hacen feliz, porque siempre te encuentras con un espacio vacío cuando saltas de una realidad a otra. Por eso es importante la paciencia, no como una cualidad que hay que mantener en todo momento, sino como una habilidad para ayudar con fe, y mientras esa fe sigue trabajando sin un resultado manifiesto.

Antes de poder ayudarnos a nosotros mismos, ayudar a los demás, pedir ayuda o incluso considerar tales pensamientos, debemos darnos cuenta de que sólo aquellos que pueden ayudarse a sí mismos pueden ser ayudados por los demás. Puede parecer una contradicción, pero incluso los profesionales de la salud mental saben que ningún terapeuta puede ayudar a alguien que no está dispuesto a ser ayudado. Sólo podemos ayudar en la medida en que la persona esté dispuesta a aceptar ayuda, y ahí es donde suele acabar la ayuda. Si tengo que seguir repitiendo las mismas frases a una persona que sigue ignorándolas, no hay nada más que pueda hacer.

Capítulo 12: Curar a los heridos

Una persona sólo puede ser curada si está lo suficientemente sana para ser curada. Pero, ¿significa eso que no se puede ayudar a quienes rechazan la ayuda? En esencia, la respuesta es sí, y por eso las tasas de suicidio tienden a aumentar en todo el mundo. Pero no siempre es alguien con una enfermedad mental quien se suicida. Muchas otras personas se acostumbran a su problema y aprenden a vivir con él, como los psicópatas y los narcisistas.

Entre las personas a las que no se puede ayudar, están las que se han apegado profundamente a su condición y otras que han aprendido a vivir con ella o, en otras palabras, se han convertido en un reflejo de sus propios problemas. No es raro que las personas que rechazan la ayuda hayan sido traicionadas muy a menudo y por muchas personas en las que confiaban. Su espiral descendente está ligada a una falta de confianza en el mundo que conocen, incluso en sí mismos. Más a menudo aún, han sido traicionados por alguien en quien confiaban profundamente o a quien amaban, razón por la cual los narcisistas y los psicópatas suelen estar entre las peores personas en lo que se refiere al daño que pueden causar a los demás.

Cuando quienes han aprendido a vivir con sus problemas fingen que no los tienen, la forma en que lo hacen es destruyendo la vida de otras personas. Por eso la gente siempre ha dividido la sociedad en buenos y malos.

Podríamos decir que el mal es precisamente el deseo de obtener placer haciendo daño a otras personas y destruyendo su autoestima, lo que les lleva a volverse tan enfermos mentales que se hacen daño a sí mismos o a los demás, perpetuando así el ciclo de destrucción.

En casi todas las historias sobre personas malvadas, vemos que alguien en su pasado les ha herido profundamente. Por eso podemos considerar el mal como una enfermedad o un virus. Rara vez se transmite entre las personas, a menos que haya una transformación directa, lo que significa que las personas rara vez nacen malvadas. E incluso entre los que nacen malvados, sin duda podemos encontrar algo en sus vidas pasadas que explique su comportamiento.

Las personas a las que se puede ayudar se comportan de forma muy diferente porque sienten curiosidad por el mundo y por los demás, tienden a ser más compasivas y sociables y también están más dispuestas a hablar de sí mismas.

Hablar de uno mismo requiere confianza en uno mismo, pero también es cierto que no es posible ayudar a alguien que no está dispuesto a hacerlo, por lo que debe establecerse un cierto nivel de confianza entre el paciente y el terapeuta antes de revelar hechos íntimos que pueden conducir a la curación.

La razón por la que muchas personas parecen no tener esperanzas de ser ayudadas es que se identifican con sus propios problemas. Un narcisista, por ejemplo, tiene un comportamiento aprendido que resultó de la elección de identificarse con la persona a la que veía como agresor cuando era niño. Esto le permitió reprimir su trauma emocional. Si presenció cómo su padre golpeaba violentamente a su madre y no pudo hacer nada al respecto, es posible que más adelante en su vida adopte los rasgos de personalidad de su padre para hacer frente al maltrato que presenció de niño.

Convertirse él mismo en el maltratador en realidad le dará una sensación de alivio, porque será como revivir los mismos recuerdos desde la perspectiva del maltratador, lo que significa que ya no se sentirá como una víctima. El sentimiento de víctima es exactamente lo que caracteriza a un narcisista. Puedes verlo claramente cuando un narcisista intenta intimidarte, pero tú le devuelves el golpe o le amenazas, porque entonces pasa de una sonrisa sádica al pánico en menos de un segundo. De hecho, se podría decir que la mayor parte de la maldad está motivada por el miedo, porque de alguna manera quienes eligen el camino del mal han aprendido a suprimir el miedo mediante actos de destrucción y degradando el carácter de los demás. Suelen hacerlo de forma indirecta, difamando y utilizando a otras personas en contra de su objetivo, aislándole y haciéndole quedar mal en todas las situaciones, incluso cuando no hay ninguna razón que lo justifique. Las personas manipuladas por psicópatas suelen actuar de la forma más alocada posible cuando invierten la realidad para racionalizar sus emociones.

El narcisista es un maestro de la manipulación porque sabe cómo desencadenar ciertas emociones en los demás para hacerles reaccionar de una determinada manera. Pero el narcisista no puede empatizar con nadie porque eso le provoca timidez y vergüenza. Cuanto más daño hace el narcisista a los demás, menos capaz es de empatizar con nadie, razón por la cual, con el tiempo, hay menos esperanza para el narcisista.

Muchos expertos afirman que el narcisista se forma al nacer y, aunque hay cierta lógica en esta teoría, lo que he observado es que la sociedad en su conjunto mantiene al narcisista tal y como es al no cuestionar su comportamiento y no exigirle responsabilidades. Esto es aún más común en las mujeres, por lo que generalmente se ven más mujeres psicópatas que hombres. La sociedad tiene una fuerte tendencia a excusar y racionalizar el comportamiento femenino, especialmente cuando la ira se dirige a los hombres. A menudo, incluso se anima a las mujeres a intimidar a los hombres y destruir sus vidas.

Probablemente, la mejor prueba de ello es el matrimonio, ya que la mayoría de los divorcios son iniciados por mujeres, y los hombres son los que tienen más probabilidades de salir perdiendo en un divorcio. Los hombres suelen perder a sus hijos, pero también la mitad de sus ahorros.

Capítulo 13: Superar la adicción

Por mucho que la maldad esté motivada por el miedo, también se esconde detrás de la necesidad de seguridad, que es por lo que el matrimonio es tan importante para un narcisista o un psicópata en general. Pero otras formas de seguridad también son valiosas para los más perversos porque les proporcionan cierto alivio momentáneo, por lo que pueden ser muy codiciosos e incluso engañar a otras personas.

Los objetivos favoritos de estas estafas son, por supuesto, las personas demasiado educadas para quejarse de la situación, las más vulnerables a los abusos y las que evitan los conflictos. Por eso se encuentran tantos de estos delincuentes en puestos donde tienen autoridad otorgada por el gobierno o en lugares donde las personas deprimidas buscan ayuda, como hospitales y clínicas de salud mental. Y como pueden influir en toda una sociedad, la normalización de la apatía, la tristeza y la depresión pasa a formar parte de la vida cotidiana de muchas personas.

Los signos de la depresión en la sociedad son muy evidentes. Se puede ver en la cantidad de placer que la gente busca para compensar sus sentimientos internos consumiendo azúcar, chocolate y comida rápida en general. Cuando estos hábitos se buscan constantemente, indican un cierto estado de ánimo en quienes no pueden vivir sin estas cosas. Cuando eso no es suficiente, las drogas vienen después, por lo que a menudo se ve de todo en casa de una persona muy deprimida: mucho chocolate, drogas, tabaco y alcohol, entre otras sustancias más pesadas para ayudar a aliviar la depresión.

El problema de abusar del azúcar, las drogas, el alcohol y el tabaco, entre otras muchas sustancias artificiales, es que reducen gradualmente la esperanza de vida, que es lo mismo que decir que una persona deprimida se está suicidando literalmente a cámara lenta. También es obvio que la mayor parte de nuestra sociedad está haciendo precisamente eso. La inmensa mayoría de la población es tan dependiente de los estimulantes y la excitación para equilibrar su difícil y deprimida existencia que acaba manteniéndose en un ciclo que ni siquiera el terapeuta puede resolver.

Según he observado, en muchos casos el psicólogo incluso refuerza la idea de mantener este ciclo para prolongar la vida de una persona que quiere suicidarse. Como los psicólogos no tienen una solución eficaz para estos casos, su mejor solución es simplemente hacer que la persona ignore sus propios problemas.

Esto no es una solución en sí misma, pero mantiene al paciente en una existencia muy mediocre.

Muchos argumentarían que la mediocridad de la vida es un fenómeno típico de las sociedades modernas, pero aunque esto parece ser cierto en la superficie, también oculta una realidad más perversa, que es que las personas se vuelven locas por un conjunto específico de mentiras que se les dice que sigan y que siguen a falta de alternativas mejores. Nuestro mundo está dirigido por corporaciones e intereses privados que acaban influyendo en las decisiones políticas e incluso corrompiendo a muchas organizaciones, y que dictan el camino al resto.

Algunos fármacos psiquiátricos muy conocidos han generado más de 4.000 millones de dólares a la industria farmacéutica, por lo que no tendría sentido que los psiquiatras eliminaran este beneficio con soluciones eficaces para sus pacientes. Pero este problema no se queda ahí si tenemos en cuenta que las enfermedades mentales pueden ser contagiosas. Muchas de las personas que provocan angustia y ansiedad en los demás padecen algún tipo de enfermedad mental.

A las personas felices y sanas no les gusta causar problemas a los demás y, por lo general, son más honestas y se comprometen a actuar con integridad. Y aunque no digo que quienes padecen enfermedades mentales tengan algún tipo de culpa, es cierto que las personas sanas no dramatizan sus propios traumas haciendo a los demás partícipes de ellos.

Las personas sanas saben distinguir entre la persona que imaginan y la que ven. Pero las personas no sanas asocian todo con lo mismo y, por lo tanto, siempre esperan lo mismo, incluso de las personas que no cumplen sus expectativas. Funcionan sobre la base de un modelo predeterminado de la realidad que sólo existe en su imaginación.

La obsesión por la simplicidad y un análisis demasiado simplista de la personalidad o el carácter humano, como vemos que hacen tantas personas, es exactamente lo que les define como dementes. Como individuo cuerdo, se basará más en sus observaciones y en lo que oye.

Muy pocas personas pueden alcanzar este nivel de cordura y, como he visto muchas veces, la mayoría de la gente no sabe escuchar. Pido un café y me traen un zumo, o pido cambio de lo que he pagado y se enfadan conmigo por corregir el error, o hablo en inglés porque no entiendo el idioma local de un país que estoy visitando y la otra persona responde enfadada en el idioma local, como si estuviéramos discutiendo. Son ejemplos de comportamientos muy disparatados y muy comunes, pero no deberían ser así. Estas personas no pertenecen a un mundo civilizado y no son aptas para ningún tipo de trabajo.

Capítulo 14: Redefinir la normalidad

Se dice que la definición más básica de locura es hacer lo contrario de lo que haría un ser cuerdo, así que si una persona practica algo que es potencialmente dañino para la mente o el cuerpo, esa persona puede ser considerada demente. Los que fuman, beben alcohol o tienen algún otro hábito autodestructivo pueden ser considerados locos en algún nivel.

No los consideramos locos porque se las arreglan para mantenerse dentro de las normas de la sociedad, y sólo cuando van más allá de estas normas los clasificamos como locos. Como resultado, la mayoría de la gente tiende a explorar diversas formas de locura dentro de las normas que se consideran aceptables. Pero puede resultar difícil tolerar estas formas de locura cuando se está expuesto a ellas a diario, como en el caso de los psiquiatras y psicólogos. Hay un alto porcentaje de personas del campo de la medicina que se suicidan, y esto no es casualidad.

La tendencia a alucinar o a desarrollar compensaciones neuróticas también proviene de la necesidad de escapar del sufrimiento emocional y la ansiedad, por lo que es habitual que los profesionales de la salud mental tomen los mismos fármacos que recetan. Pero también es difícil imaginar una realidad diferente cuando quienes buscan ayuda se basan en un conjunto de creencias que se aplicarán a sí mismos.

Irónicamente, esto nos dice que el terapeuta que toma los mismos fármacos que prescribe confía mucho más en los fármacos que en la eficacia de sus métodos.

Para que un procedimiento terapéutico funcione, el terapeuta debe tener un interés genuino en su paciente, y aquí es donde muchos métodos fracasan, al menos si el terapeuta no tiene la personalidad adecuada para explorar el problema del paciente sin dejarse influir por él. Pero también es cierto que muchas personas necesitan atención más que ayuda y no son muy serviciales cuando se trata de exponer sus verdaderos problemas.

Una de las razones es que revelar el problema también abre la puerta a asumir responsabilidades, y muchas personas no quieren aceptar que pueden ser responsables de lo que causan en sus propias vidas. Este miedo al autoanálisis suele estar relacionado con una baja autoestima derivada de traumas no reconocidos, no todos ellos en la vida presente. Muchos de nuestros traumas más poderosos se originaron en otras existencias y, como estos traumas implican un sentimiento de culpa, también crean vergüenza, razón por la cual las personas los reprimen.

Muchas personas de este planeta han sido castigadas por crímenes cometidos en otras vidas. ¿Y has visto alguna vez lo brutales que fueron esos castigos o lo dolorosas que fueron sus muertes?

Cuando te des cuenta de la brutalidad de los métodos, comprenderás por qué tantas almas siguen arrastrando una cierta inconsciencia que desean mantener, oculta tras hábitos que han organizado cuidadosamente desde la infancia. De hecho, el miedo que muchos tienen a hablar de la reencarnación y sus reacciones airadas al respecto, llegando incluso a ridiculizar a quienes hablan de ello, están correlacionados con sus traumas y vergüenzas de vidas pasadas. Cuanto más miedo tienen de recordar, más atacan a la reencarnación o a aquellos que pueden hacer que el proceso de recordar ocurra. Y, hasta cierto punto, la gente ataca lo que revela sus mayores debilidades, razón por la cual la espiritualidad no recibe la atención que merece. Pero el terapeuta que no se arriesga a perder al paciente haciéndole afrontar las consecuencias de sus propios actos no está haciendo un buen trabajo. Este riesgo forma parte del deseo de ayudar a alguien. Tener integridad también significa correr el riesgo de ser incomprendido.

Una vez conocí a una chica que, al darse cuenta de lo mucho que sabía, me preguntó qué pensaba de ella, así que le dije: «Parece que te escondes de miedos imaginarios».

Me contestó que estaba siendo grosero y empezó a insultarme. Estaba enfadada conmigo por haberle dado la respuesta que no había encontrado en muchos años y que la hacía infeliz.

Si hubiera continuado la conversación, le habría explicado de dónde venían esos miedos imaginarios y cómo superarlos, pero precisamente por eso me insultó. Se escondía de la vergüenza y atacar era su mecanismo natural de defensa. Esta vergüenza, sin embargo, era fuerte, lo que significaba que se estaba culpando a sí misma por algo que le había ocurrido y que había sido causado por otra persona. Sospeché que podría haber sufrido abusos sexuales de niña, pero nunca llegué a conocer la verdadera causa de su problema.

Muchas personas buscan simpatía en los demás, no respuestas. Cuando piden una solución, no significa que realmente la quieran. Muchas personas sólo quieren creer que no les pasa nada y siguen fingiendo que no tienen nada que resolver sobre sí mismas.

Capítulo 15: El camino hacia la transformación

Si excluimos las enfermedades mentales de naturaleza orgánica, que son muy pocas comparadas con las muchas que son el resultado de ciertas experiencias y hábitos vitales, llegamos a la conclusión de que la mayoría de los problemas podrían eliminarse con un autoanálisis adecuado siguiendo un sencillo modelo de pregunta-respuesta, como sugieren muchos expertos. De hecho, esta simple conversación puede conducir al paciente a una mejor comprensión de sí mismo, lo que naturalmente revela los problemas que bloquean la manifestación del verdadero yo.

En las clínicas de prevención del suicidio, la estrategia general consiste en ayudar al paciente a centrarse en otras cosas de la vida para que sus pensamientos estén menos absorbidos por las rutinas diarias y, sin embargo, cuando el paciente no acude a las citas, todo el mundo asume que no ha seguido las sugerencias ofrecidas. Los profesionales casi nunca tienen en cuenta que su enfoque puede simplemente no ser adecuado en un caso concreto.

El suicidio puede ser una opción, pero no tanto como cabría esperar cuando todo lo demás falla, y los fracasos empiezan con las personas de la vida de la víctima que aprenden a asociar su identidad con lo que otros les dicen. Esto es cierto en muchas más situaciones de las que nos gustaría admitir. Por ejemplo, en muchas de mis experiencias trabajando con niños con dificultades de aprendizaje, era obvio que muchos de ellos no tenían un problema real, sino uno aprendido. En otras palabras, habían aprendido a asociar su potencial intelectual con sus resultados y entonces reproducían comportamientos que correspondían a las bajas expectativas de los demás, o simplemente estaban siendo reprimidos por alguien de su entorno, en muchos casos su propia madre o padre.

La supresión puede adoptar muchas formas, pero suele ser una proyección que la madre o el padre hacen de sus propias inseguridades y enfermedades mentales. El niño oye entonces «eres un incompetente», «no puedes hacer nada bien» y «no puedes aprender», y lo toma como una verdad permanente.

Muchas de estas frases son literalmente hipnóticas y, debido a la conexión emocional del niño con la familia, pueden llegar a formar parte de la imagen que tiene de sí mismo. Así me ocurrió a mí cuando era pequeño, y por eso tenía dificultades para aprender. Todo el mundo pensaba que era estúpida, así que todos me hablaban como si lo fuera, como si no tuviera esperanza.

Todo cambió cuando empecé a leer enciclopedias de psicología y me di cuenta de que estaba rodeado de enfermos mentales que no sentían amor por sí mismos, por mucho que utilizaran esa palabra.

De hecho, es muy malo cuando no sólo le dices a alguien que no vale nada, sino que además le dices que es por su bien o porque le quieres y te preocupas por él, porque ahora has asociado una emoción buena con un resultado malo.

Decir estas cosas repetidamente es lo más diabólico que se puede hacer, especialmente a un niño. Es maltrato infantil, porque el niño funcionará con este recuerdo el resto de su vida y seguirá fracasando en todo. En muchos casos, las consecuencias son bastante obvias en términos de baja autoestima, pensamientos suicidas y una necesidad constante de autolesionarse, que es lo que he visto en muchos de estos niños.

Cuando ves estas cosas, es obvio que ningún método de enseñanza funcionará, no importa cuántos profesores les ayuden o cuántas etiquetas les pongan los psicólogos. Incluso hacer los exámenes más fáciles no hará nada por estos niños, porque seguirán rindiendo al nivel más bajo posible, lo que se considera aceptable en su caso.

La razón por la que pude ayudar a estos niños fue que pasé los dos primeros meses simplemente hablando con ellos. Hablábamos de todo lo que querían hablar, aunque, por supuesto, siempre les hacía preguntas sobre sus creencias y hábitos. Luego deconstruía lo que decían, basándome en mi propia experiencia vital y mis conocimientos, para que pudieran abrir un nuevo espacio en sus mentes llamado: «Quizá todo era mentira».

Cuando estuvieran preparados para poner a prueba sus creencias, podría presentarles nuevos modelos que produjeran efectos observables. Y cuando conseguían responder correctamente a todas las preguntas, los efectos observables estaban ahí.

Sin embargo, como me di cuenta, a menudo dudaban de mi eficacia porque era contraria a lo que todos los demás decían y les hacían creer, así que el verdadero cambio en su personalidad llegaría más tarde, cuando recibieran una nueva prueba en la que todo, todas las respuestas, fueran correctas.

Desgraciadamente, los niños, como muchos adultos, eran extremadamente dependientes del sistema para la validación que afectaría a su carácter como individuos y a la imagen que tenían de sí mismos, y ahí es donde tenía que empezar mi trabajo. De lo contrario, se resistirían a cualquier posibilidad de cambio y mejora.

Los psicólogos no hacen este tipo de trabajo porque no están formados para ello o simplemente no les interesa. Quizá esto cambie en el futuro, pero esto es lo que observé en cada uno de los niños que trabajaron conmigo.

Por supuesto, estos niños también se han dado cuenta de que sus profesores son incompetentes y de que sus padres son enfermos mentales, pero no hay otra forma de ayudarles que mostrarles la realidad tal y como es, y dejar que lo vieran por sí mismos, sin dar mi opinión sobre los estúpidos adultos de sus vidas, era lo mejor que podía hacer.

Mucha gente no debería tener hijos, y a muchos profesores no se les debería permitir enseñar sólo porque tienen un título. El mundo todavía tiene que arreglar estas cosas, porque puedes arruinar toda la vida de una persona obligándola a relacionarse con enfermos mentales.

Capítulo 16: Descubrir el propósito

Puedes medir la salud mental de un niño o un adulto analizando sus ganas de vivir. Cuantas más ganas de vivir tengan, más sanos estarán. Por otro lado, cuanto más quieran suicidarse o piensen que su vida no vale nada, menos sanos estarán. Esto debería ser obvio, pero no siempre es así, debido a la forma en que aprendemos a funcionar en el llamado mundo civilizado: si un niño quiere ir a la escuela o un adulto quiere ir a trabajar, se puede suponer que el individuo está operando dentro de las normas. Este no es un estado ideal y tiende a degradarse a una falta de voluntad para estudiar, en el caso del niño, o una falta de voluntad para trabajar, en el caso del adulto.

La forma en que las personas superan estos problemas también es visible: el adulto cambia de trabajo o se vuelve tan incompetente que lo despiden, y el niño simplemente empieza a sacar malas notas o se asocia con otros niños que tienen los mismos problemas emocionales que él o, en otras palabras, niños que quieren experimentar con las drogas, la promiscuidad, el abuso del alcohol, etcétera.

Esto no significa que el niño no vaya a crecer y convertirse en un miembro perfectamente funcional de la sociedad, o que el adulto no pueda continuar con la misma rutina de cambiar de trabajo toda su vida, pero sí significa que aprenderá a vivir con su falta de interés por estar vivo.

¿Cómo se supera esa falta de ganas de vivir? Con hábitos. Lo interesante de estos hábitos es que suelen ser completamente inútiles, como pescar, jugar a videojuegos, cazar, ver el fútbol, etc. La gente lo llama relajación porque sus vidas les provocan ansiedad y depresión. Pero, ¿y si la gente no necesitara relajarse?

Cuando mucha gente que me conoce se entera de que siempre estoy trabajando, se vuelven locos porque no pueden creer que exista una persona así. Mi voluntad de trabajar duro y constantemente les pone nerviosos porque les refleja que tienen un problema. En consecuencia, atacan este reflejo diciendo que soy yo quien tiene el problema, y por eso siempre me están diciendo que debería trabajar menos, relajarme más, etcétera. No tienen ni idea de si estoy relajado o no, si me gusta mi trabajo o no, pero mi existencia tal como es les hace sentir que no viven bien, y ese es el verdadero problema.

Lo que digo es que casi todos los adultos del mundo son disfuncionales, están deprimidos, frustrados y enfadados con la vida y consigo mismos, pero intentan suprimir estas emociones relajándose en actividades que les hacen olvidar sus problemas. Se acercan literalmente de puntillas a la muerte. La gente intenta ir a la tumba lo más fácilmente posible, sin traumas, conflictos, sufrimiento emocional, etc.

De lo que no se dan cuenta es de que las emociones que reprimen volverán más tarde en formas más feas, por lo que muchos de ellos acaban muriendo mucho antes de lo que imaginaban, y ni siquiera disfrutan de la jubilación. Como siguen demostrando las estadísticas, las enfermedades cardiovasculares son la primera causa de muerte en todo el mundo, y el cáncer, la segunda. Ambas enfermedades son autoinfligidas por años de estrés. ¿Cómo hace frente la gente al estrés? Se relajan más.

Lo que digo es que esto no funciona porque no soluciona nada, sólo prolonga el sufrimiento unos años más. La solución viene de la alegría de estar vivo, y la única manera de sentir eso es trabajar en cosas que te hagan feliz. No importa lo que sea, siempre que ames lo que haces.

El problema es que lo que te gusta hacer no siempre es rentable, y las facturas que hay que pagar, los hijos que hay que alimentar y los pagos que hay que hacer todos los meses ponen este cambio de estilo de vida en un riesgo muy alto, razón por la cual la mayoría de la gente nunca cambia su estilo de vida.

Una persona sana, en cambio, es la que sobrevive por elección, no por las circunstancias. No dependen de lo que son, sino de lo que quieren. Pero la incapacidad de ver la diferencia también es característica de los que no pueden cambiar, porque esté donde esté, la gente siempre da por sentado que mi casa, lo que hago con mi tiempo y cómo pienso me convierten en quien ellos creen que soy. Nunca tienen en cuenta el hecho de que estoy trabajando para alcanzar una meta, y cuando esa meta se alcanza, todo cambia. Cuando ven estos cambios, algunos desaparecen porque mi nuevo yo entra en conflicto con la imagen que tienen de mí en sus mentes, mientras que otros intentan adaptarse a este nuevo yo.

El hecho es que este nuevo yo también cambiará, así que al final todos se irán de mi vida. Sólo es cuestión de cuándo.

Muchas personas se alaban a sí mismas por tener muchos amigos, pero eso no tiene sentido. Si tienes demasiados amigos, significa que no estás cambiando lo suficiente y tan rápido como deberías. Si cambias rápido y a menudo, descubrirás que pierdes a todos tus amigos sin hacer ningún esfuerzo. De hecho, puedes intentar mantener a tus amigos en tu vida y no funcionará.

Capítulo 17: Entender las relaciones

Ofrecí a mis amigos oportunidades de viajar conmigo, colaboraciones comerciales y les envié mensajes varias veces cuando estaba en el extranjero, y todos dejaron de responderme. Incluso cuando volví a visitar su país, encontraron excusas para no verme. Yo ya no formaba parte de su realidad, así que me borraron automáticamente. Eso te dice todo lo que necesitas saber sobre la naturaleza humana, porque lo contrario también es cierto: no quieren que cambies y sistemáticamente te dan malos consejos y te dicen que leas los libros equivocados y veas las películas equivocadas, porque no quieren que te conviertas en alguien a quien ya no pueden reconocer como el antiguo yo que solías ser. Para los demás sólo eres una mercancía, no una persona real.

Sólo una persona mentalmente sana sería capaz de tratar a los demás como seres humanos, y la mayoría de la gente no es normal, así que no puedes esperar eso sin una gran decepción. Es el precio del cambio. Pero cuantos más planes tengas, y cuanto más significativos sean esos planes, más sano estarás, lo que significa que el impulso de sobrevivir será fuerte, y te harás fuerte haciendo planes de futuro que puedas cumplir. No importa si tus planes son pequeños al principio, porque siempre puedes hacer nuevos planes después de que los anteriores se hayan cumplido.

Esto nos lleva a otro hecho, y es que necesitarás determinismo y perseverancia, y más que eso, necesitarás motivación, para alcanzar la meta que tienes en mente. Este determinismo y perseverancia requerirán mejores hábitos y un cuerpo más sano, por eso, cuando tu voluntad de vivir sea mayor que tu voluntad de morir, a diferencia de otras personas, ya no comerás por placer, sino para mantenerte sano. Esto no significa que tengas que comer comida vegana asquerosa todos los días, pero tus prioridades cambiarán. Primero decides que quieres estar sano y luego aprendes a cocinar mejor.

Yo no sabía cocinar verduras de manera que me apeteciera comerlas todos los días, así que, como mucha gente que conocía, no las comía. Cuando me di cuenta de que necesitaba comer verduras todos los días, decidí aprender a cocinarlas de manera que me dieran ganas de comerlas. Observé cómo cocinaban los chinos, tailandeses, indios, malayos y singapurenses. Luego experimenté por mi cuenta para ver qué combinaciones de ingredientes eran más fáciles de encontrar, más fáciles de cocinar y más de mi agrado.

Después de mucho ensayo y error, en el que algunos platos eran estupendos y otros un desastre, llegué a algunas conclusiones y creé mi estilo. La forma en que cocino ahora es una combinación de cocina italiana, española, portuguesa, malaya, tailandesa, china, india y singapurense. A veces parece más española sin ser totalmente española, y a veces parece más tailandesa sin ser totalmente tailandesa.

Pero lo más interesante de esta historia es la reacción de los que comen mi comida. Les encanta, pero como es nueva para ellos, no pueden comerla todos los días. Empiezan a echar de menos otros sabores a los que se han apegado emocionalmente. En otras palabras, les gusta la nueva comida, saben que es más sana, incluso pueden ver los efectos positivos en su salud y su piel, pero no quieren aprender a cocinarla y adaptarse a un nuevo estilo de vida.

Fue especialmente interesante observar esto en las mujeres con las que viví, porque gastaban enormes cantidades de dinero en cosméticos y, sin embargo, obtenían mejores resultados para su piel con lo que yo les hacía comer. Seguían comprando los mismos cosméticos y ya no consumían los alimentos que estaban proporcionando los mejores resultados para su piel. Esto demuestra hasta qué punto la gente tiene el cerebro lavado y lo testarudos que son para cambiar.

Si, en este caso, sólo hablo de belleza, que es un tema muy práctico, imagínense lo testarudas que pueden ser las personas con cosas peores de las que tienen que ocuparse, es decir, sus problemas emocionales o incluso las causas de su muerte.

Estos ejemplos nos llevan a concluir que un grupo de la sociedad es sano porque adopta nuevos hábitos para vivir mejor, mientras que otro grupo no es sano porque se niega a aceptar el cambio.

De estos dos grupos también podemos deducir que las acciones que no nos llevan a una mayor calidad son ineficaces, y las personas que se niegan a reconocer la eficacia son enfermos mentales.

Sin embargo, el denominador común aquí es el cambio, y el cambio está asociado al reconocimiento y a los resultados efectivos, así que si quieres hacer que alguien esté más sano, primero tienes que hacer que la persona consiga resultados efectivos; segundo, hacer que la persona reconozca estos resultados; tercero, hacer que la persona acepte los nuevos hábitos y el cambio.

Para enfermar mentalmente a una persona, hay que hacerla fracasar con la suficiente frecuencia y durante el tiempo suficiente hasta que caiga en un estado de apatía y deje de intentarlo. Eso es lo que el abuso emocional hace a una persona. Les enseña que sus esfuerzos son inútiles porque no tienen esperanza, y la desesperanza es apatía, así que se les instruye subliminalmente a ser apáticos porque sus esfuerzos no están produciendo resultados efectivos.

Capítulo 18: Capacitar a los vulnerables

Si quieres que una persona esté sana, literalmente tienes que demostrarle que puede obtener resultados efectivos. Esto es la validación. La forma de conseguir que alguien valide su potencial es reducir el gradiente de dificultad en su vida a un nivel en el que pueda absorber fácilmente la información que necesita y responder en consecuencia.

Por ejemplo, cuando trabajo con un niño que tiene dificultades de aprendizaje, puedo preguntarle si puede explicar las palabras que está leyendo y ayudarle a entender el significado con ejemplos. También puedo mostrarles imágenes para que tengan una representación de los significados abstractos que necesitan entender.

Cuando daba clases a estudiantes universitarios, esto era muy fácil de hacer, porque cada vez que me hacían una pregunta, buscaba la palabra en el ordenador y les mostraba una imagen. Pero los estudiantes siempre se asombraban de lo rápido y eficaz que yo podía responder a cualquier pregunta, en comparación con todos los demás profesores que tenían, que no eran más que un montón de idiotas inútiles y arrogantes llenos de creencias sobre un mundo que sólo existía en sus cabezas.

Puedes arreglar a los estúpidos, pero cuando los estúpidos son también arrogantes, no hay nada que puedas hacer por ellos, y por eso tuve que dejar el campo de la educación. El verdadero problema es la gente que enseña: son demasiado incompetentes, demasiado arrogantes y no están dispuestos a enseñar de otra manera porque muchos de ellos son en realidad narcisistas que están en ese puesto porque quieren admiración y atención, no porque sean competentes. No enseñan para ayudar a los demás a aprender, sino para sentirse importantes. Esto me quedó muy claro después de algunas conversaciones con mis colegas.

Otra cosa que se puede hacer por un niño es lo contrario de lo que hacen la mayoría de los adultos, que es dejarle hacer lo que quiera. Cuando permites a un niño jugar al fútbol, a videojuegos o simplemente lanzar papeles al aire, le estás enseñando que puede controlar algo y ser eficaz en ello.

Algunas de las actividades que hice con mis alumnos fueron jugar al fútbol y al baloncesto con ellos, jugar a videojuegos con ellos, jugar con bloques con ellos, hacer origami y aviones con ellos, enseñarles artes marciales y enseñarles a hacer música con un ordenador. Incluso les permití hacer guerras de papel en clase, en las que podían tirarse papeles unos a otros durante cinco minutos antes de limpiar después.

El resultado de estas actividades insólitas e inesperadas fue que ganaron en autoestima, se dieron cuenta de que podían aprender cosas nuevas y se interesaron por algo. Después, enseñarles matemáticas o cualquier otra asignatura fue fácil porque creían que podían aprender y estaban dispuestos a hacerlo. En este punto, si un profesor no sabe explicar bien las cosas, los niños no aprenderán porque su motivación está a otro nivel.

Los adultos pueden ser más complicados que los niños, pero se puede ayudar a un adulto de forma similar permitiéndole expresar lo que le gusta hacer y animándole a hacerlo más a menudo o a unirse a gente que haga lo mismo. Puede ser practicar piragüismo, senderismo o simplemente reunir a un grupo de personas para hablar de intereses comunes.

El interés más común entre la gente es la comida, así que pude ayudar a una amiga que siempre estaba deprimida animándola a organizar eventos con otras personas en restaurantes. Hice los primeros eventos con ella, pero luego la animé a continuar sin mí, y eso es lo que hizo.

Esta premisa nos lleva a muchas conclusiones, como el hecho de que es posible aumentar la motivación de una persona para vivir más tiempo dándole un objetivo que sea emocionalmente significativo. Puede ser aprender a tocar la guitarra, encontrar gente con la que hablar o hacer un curso relacionado con la carrera de sus sueños.

A menudo criticamos a los que son diferentes, pero ser diferente o inusual es en realidad uno de los mecanismos de autodefensa más fiables cuando se trata de nuestra mente. Quienes exploran sus propios talentos aprenden a disfrutar de la soledad y pueden hacer amigos con personalidades poco comunes, lo cual no es nada malo.

Incluso podríamos decir que los numerosos subgrupos y movimientos que han surgido de la sociedad, sobre todo en los últimos años, son respuestas sanas a un escapismo que la propia sociedad no ofrece. Sin duda queremos que estos grupos se caractericen por su moda y su música, no por su violencia, pero la violencia de las bandas no es más que otra forma de querer pertenecer a la sociedad, aunque sea una opción irracional.

Capítulo 19: Desafiar las normas sociales

Debemos ser diferentes, no sólo en cultura y color de piel, apariencia o forma de vestir, sino también en nuestros deseos, objetivos y personalidad, y debemos explorar esto a través de las muchas vías que nos ofrece la sociedad. Así es como se forma nuestra identidad y donde encontramos la raíz de nuestro bienestar. En esencia, la terapia, sea cual sea el método utilizado, sólo funcionará si conduce al individuo a la verdadera esencia de su ser espiritual.

Lo contrario, la idea de que debemos aceptar el mundo tal como es, llevará a todos a lo que observamos: la frustración con la existencia.

La única razón por la que tanta gente dirá que el mundo está bien como está es porque han renunciado a sí mismos y a creer que cualquier cambio es posible; no quieren el cambio para los demás tanto como no lo quieren para sí mismos. Pero si le preguntas a un empresario o a un político qué piensan de la vida, no te dirán que hay que aceptar las cosas como son, porque si no, no podrán conseguir nada, ni siquiera el reconocimiento por lo que hacen.

La autoconciencia puede ser una consecuencia de la frustración, y la frustración es un síntoma asociado a la depresión, pero no se puede progresar simplemente adaptándose a lo que no nos gusta, y no se cambia aprendiendo a disfrutar de la vida.

En primer lugar, tenemos que reconocer que hay algo que no funciona en nuestra forma de pensar y en la forma en que la sociedad nos ha hecho pensar, antes de poder avanzar hacia un cambio efectivo. No podemos corregir las cosas hasta que sepamos por qué estaban mal y que estaban mal.

La razón por la que muchas personas se niegan a hacerlo es el proceso de pensamiento binario, en el que asumen que si quien son es el individuo actual, entonces el cambio no les representa a ellos, sino a una forma artificial de su ser. También por eso la gente siempre saca conclusiones sobre los demás basándose en el mismo principio: tienden a pensar que sólo hay dos respuestas posibles.

Siempre que respondo a algo, la gente suele sacar conclusiones sobre lo que digo debido a esta forma precondicionada de analizar la realidad. Por ejemplo, si un lector me pregunta si estoy casado y le digo que soy soltero, supondrá que creo que ser soltero es mejor que estar casado, aunque nunca lo haya dicho. Puede que luego me pregunte qué opino del matrimonio y, cuando le diga que a las personas sanas les resulta difícil casarse, vuelva a pensar que estoy diciendo que no debería casarse, cuando lo que en realidad estoy diciendo es que debería casarse con la persona adecuada y no con cualquiera. Como le expliqué, es mejor estar soltero que vivir con la persona equivocada, pero es mejor vivir con la persona adecuada que estar soltero.

Lo que estoy diciendo básicamente es que no hay fórmulas predeterminadas y binarias para la vida. Tienes que cambiar con lo que te dan y hacer que tu vida sea mejor, no peor.

Aprendemos a anclar nuestras emociones en creencias sociales que no nos definen tal y como somos, y luego nos preguntamos por qué somos tan infelices porque no podemos verlo. Nos sentimos atrapados entre lo que los demás nos dicen que somos y lo que queremos ser, sin darnos cuenta de que no tenemos por qué seguir un camino u otro.

Este conflicto interno que puede exteriorizarse no existe realmente si se tiene en cuenta un tercer elemento que cambia a lo largo del camino, y ese tercer elemento es la elección.

No nos gusta pensar así porque preferimos las respuestas sencillas, y por eso los autores que quieren ser populares dan a la gente respuestas sencillas. También es la razón por la que los profesores suelen dar exámenes con sólo dos respuestas posibles: es más fácil prepararse para ellos.

La necesidad de simplificar la vida es innata en nosotros, por eso creamos herramientas en tiempos primitivos, queremos leer libros para educarnos y ahora desarrollamos tecnología avanzada, software y robots. A pesar de todo, la vida actual es tan compleja como siempre.

Puedes educarte muy bien, trabajar duro para construir una vida perfecta y un día todo desaparece: pierdes tu trabajo, te divorcias y tu mujer se lleva a los niños. Entonces tienes que empezar de nuevo, y no hay nada malo en ello. Pero cada generación repite exactamente el mismo ciclo que las anteriores, creyendo exactamente lo mismo en un mundo que ha cambiado radicalmente en 20 o 50 años.

Aunque no hay nada malo en empezar de nuevo en cualquier momento de la vida, siempre que sepas por qué lo haces, la principal razón por la que alguien lo hace es para volver a aprender a amar su existencia. Pero, ¿cuántas oportunidades crees que tienes de aprender del fracaso antes de morir?

Yo he aprendido mucho de las muchas decepciones de mi vida, pero no puedo decir que tenga ni la mitad de la energía y la motivación que tenía cuando tenía 20 años, malgastando mi energía trabajando para idiotas y perdiendo el tiempo hablando con absolutos idiotas.

Capítulo 20: Aceptar la incertidumbre

Como suelo decir, la vida puede cambiar con una sola decisión, pero la decisión más estúpida que veo tomar a la gente todo el tiempo es no tomar ninguna, asumiendo que leer libros es una pérdida de tiempo, cuando los libros ya resumen la vida de otro ser humano. La arrogancia antes que la estupidez hace fracasar a más gente que cualquier otra cosa.

Pueden motivarse todo lo que quieran, pero la motivación acompañada de estupidez sólo hará que estas personas trabajen más rápido en la misma dirección, razón por la cual nunca he visto a un idiota motivado tener éxito en nada. Cada vez que insistes en seguir los mismos caminos que otros dicen que te llevarán al éxito, tienes más probabilidades de fracasar. Lleva tiempo darse cuenta de que la mayoría de la gente se equivoca en todo.

Lo mismo ocurre con tu identidad. No eres lo que la sociedad dice que eres, sino lo que tú eliges ser, y ahí es donde encontrarás un nuevo amor por ti mismo.

No hay amor propio en aceptar tus debilidades y tu ignorancia. Eso es arrogancia disfrazada de falta de autoestima.

Además, el hecho de que la vida sea compleja no significa que debamos relativizarlo todo o asumir que no hay respuestas, sino que las respuestas son relativas a hechos que pueden o no cambiar con el tiempo.

Puedes diferenciar fácilmente lo que te funciona y lo que no aplicando ciertos pasos a tu vida y convirtiéndolos en parte de tu naturaleza. Por eso veo que la mayoría de la gente no sabe de lo que habla. No sólo los autores. Muchas personas que conozco en todo el mundo están absolutamente convencidas de cosas que sencillamente no son ciertas. Las repiten como mantras porque son incapaces de pensar por sí mismas. Anclan su atención en la opinión pública.

En muchos casos, esto me resultaba obvio, como cuando hablaban de dinero, relaciones o incluso negocios. No ignoraba necesariamente lo que decían porque pensaran de otra manera. Al contrario, les hacía preguntas sobre lo que decían, y así comprendía el origen de sus pensamientos.

La inmensa mayoría de la gente es increíblemente estúpida y también increíblemente arrogante. Se esfuerzan tanto en defender su estupidez como en proyectar una imagen falsa de sí mismos.

Por eso tenemos que aprender a cuestionar nuestras observaciones, porque mucho de lo que nos parece normal en realidad nos aboca al fracaso. Eso sí, no esperes que los demás lo vean igual cuando descubras la verdad en tus propias contradicciones.

Incluso puedes medir el nivel de conciencia de los demás haciéndoles observar con qué frecuencia se contradicen; verás que la inmensa mayoría de la gente no tiene conciencia alguna de lo que dice.

La incapacidad de percibir contradicciones en nuestros propios pensamientos es exactamente lo que nos lleva a defender nuestras creencias en un sistema que no se corresponde con nuestras visiones de una vida mejor. Ser racional, en este caso, no significa racionalizar la realidad, sino enfrentarse a ella de un modo que cambie nuestras racionalizaciones y nos lleve a resultados diferentes.

Quienes racionalizan su realidad para favorecer sus creencias son esencialmente seres irracionales. Sencillamente, no saben distinguir, creen que la falsa personalidad que se han construido es la verdadera y hacen todo lo posible por mantenerla.

Son los autómatas que el sistema necesita para mantenerse. Sus creencias sólo son válidas en la medida en que son necesarias, por eso se abandonan cuando el sistema cambia.

Esta falsa seguridad comienza en la infancia. Cuando se es joven, la vida parece muy sencilla, pero luego uno se hace mayor y se da cuenta de que la sabiduría viene de la complejidad y que es tonto e inmaduro insistir en caminos lineales y simplistas. Pero la mayoría de la gente no se da cuenta de esto, porque muchos -cruzando la línea entre el ego y el superego sin la capacidad de derrotar al villano interior- pasan el resto de sus vidas intentando imponer sus puntos de vista infantiles a los demás.

En mi vida he conocido a muchas personas de 70 y 80 años y me he dado cuenta de que los más sabios son más humildes, amables y flexibles porque son conscientes de los elementos de imprevisibilidad, que tanto nos limitan como nos dan oportunidades inesperadas de aprender lo impensable. Los tontos, en cambio, creen que ya tienen las respuestas e insisten en la misma estructura de pensamiento hasta que mueren. Estas personas, por lo que he visto, han decidido morir antes de los 30 años. De hecho, muchas personas de entre 30 y 40 años ya están muertas y se limitan a prolongar su existencia.

Imagina que vives en una gran mansión con muchas habitaciones y una hermosa vista al mar, junto a hermosas montañas, y pasas toda tu existencia en una de las habitaciones, sin ventanas, mirando las paredes, sin darte cuenta ni plantearte siquiera la alegría que sentirías si te abrieras a las posibilidades. Así es como viven muchas personas, determinadas por sus propias elecciones.

Capítulo 21: Discernir la verdad de la mentira

Es muy interesante observar cuánto se esfuerza la gente por prevenir los cambios que se avecinan en el futuro o por predecir el futuro sin querer crearlo nunca. Pero, ¿no es lo mismo el esfuerzo por impedir la evolución de nuestra realidad que el esfuerzo por crear una nueva realidad? ¿Es más importante el miedo que el dolor de la disciplina? ¿Es más importante la ansiedad que el fracaso? ¿No saber lo que queremos es menos importante que saber lo que no queremos?

Cuando te das cuenta de que puedes pasar 2 horas o más distraído, también te das cuenta de que puedes utilizar esas mismas 2 horas para caminar. El resultado no es el mismo, aunque el número de horas sea el mismo.

A menudo nos dejamos engañar por lo que oímos a otras personas, sobre todo cuando se repite a menudo, y por eso no vemos las consecuencias de ciertas creencias. Un ejemplo de ello lo encontramos en la cita de Sócrates cuando dijo: «Sé que no sé nada», porque él nunca dijo eso. Eso es lo que la gente cree que dijo cuando se traducen sus palabras utilizando medios muy arcaicos y un vocabulario muy limitado.

Lo que dijo en realidad fue: «Sé lo que no sé», que es una suposición muy simple pero obvia, razón por la cual escapa a la conciencia de las mentes menos brillantes de la sociedad, precisamente las que más difunden las interpretaciones erróneas.

Si afirmas no saber lo que sabes, esencialmente estás admitiendo que estás loco. Pero cuando admites saber lo que no sabes, estás expresando que eres consciente de los límites de tu inteligencia y de tu capacidad de explicación. Así que podemos concluir que, aunque la gente asocie el nombre de Sócrates con ambas situaciones, representan cosas diferentes.

Quienes utilizan a Sócrates para parecer sabios cuando afirman no saber lo que saben o, en otras palabras, saber que no saben nada, están admitiendo pública y básicamente que son imbéciles. Desde luego, esto arroja nueva luz sobre los muchos imbéciles que he conocido en mi vida, porque si dudaba de su estupidez, ahora estoy seguro de ella.

La pregunta entonces es: ¿Cómo saber lo que es verdad, a pesar de saber lo que no lo es?

Aunque la verdad es universal, pocos la comprenden, y te queda más claro quién habla de ella cuando la analizas según ciertos principios. Por ejemplo, hay autores famosos que roban teorías de otros y, como no entienden lo que están robando, no mencionan las fuentes ni explican las cosas adecuadamente -para que sus ideas parezcan más sagradas y personales- y, en consecuencia, hacen que sus seguidores confíen en teorías falsas. Esta reproducción de creencias idiotas se extiende porque nadie piensa, pero todo el mundo quiere parecer muy inteligente copiando a un individuo popular. En consecuencia, los estúpidos siguen ciegamente a los estúpidos.

Cuando esta estupidez se convierte en parte de la conciencia colectiva, estos mismos idiotas llegan a considerar cualquier verdad como falsa y, como resultado, los estúpidos dirán que la persona que puede ver estas tonterías es la verdadera tonta y no ellos mismos.

Normalmente, la gente busca la confirmación de sus creencias en lugar de contradicciones que les lleven a cuestionarse a sí mismos, por lo que cualquier tontería que sea ampliamente aceptada por la gran mayoría tiende a pasar a través del tiempo -durante muchos miles de años- sin ser cuestionada. Por el contrario, estas tonterías se infiltran en las numerosas culturas y religiones del mundo, y cuestionarlas se convierte en un deseo de muerte: la persona será condenada al ostracismo, ridiculizada, discriminada y rechazada por todo el mundo.

Así que el destino de cualquiera que busque la iluminación es la soledad, porque el amor a la verdad en un mundo impregnado de mentiras siempre lleva en esa dirección.

Como siempre digo, hay mucha compañía en el infierno porque la miseria ama la compañía, pero no encontrarás a nadie en el cielo porque está fuera del alcance de aquellos que están inmersos en su propia miseria, las mentiras que insisten en contarse a sí mismos.

Pero este tipo de pensamiento tiene un precio, y lo verás y sentirás en cuanto empieces a pensar correctamente y a ver a las personas por lo que son y no por lo que pretenden ser.

Capítulo 22: El viaje hacia la autoaceptación

Estoy terminando estas enseñanzas en una hermosa isla de Grecia y me dispongo a dar un paseo por la playa antes de subir a la colina que hay junto a ella, porque está completamente vacía y es hermoso contemplar la puesta de sol sobre el océano. Hago esto porque me niego a pasar todo el día en la villa donde vivo.

Si quisiera más compañía, no estaría aquí, pero no estaría escribiendo estas páginas porque todo el mundo trataría de convencerme de que estoy equivocada y ellos tienen razón y de que mis creencias me aíslan. Así que puedo decir que no elegí mi destino, simplemente elegí la verdad, y la verdad me dio un destino, e incluso lo que hago como trabajo, todo por voluntad divina.

Lo que otros ven como miseria, yo lo veo como mi mayor alegría. Así que tengo que decir que hay que ser infeliz para disfrutar de la miseria. En este sentido, tengo que considerarme una persona sana porque disfruto de mi vida tal como es, no como otros me han dicho que la disfrute.

Por supuesto, la verdad a menudo te hará sentir que te diriges hacia la locura, porque esa locura reside en normalizar las mentiras que has encontrado en el mundo. Lo sé cuando miro lo que tengo y me doy cuenta de que los que se oponen a mí no tienen lo mismo y ni siquiera pueden creer que ésta sea mi realidad. Sé que ellos están locos y no yo, porque hay muchos que confían en una ilusión y sólo yo veo la belleza con mis propios ojos. Sus juicios no significan nada para mí.

Necesitas cultivar tu mente para entender esto, y mucha gente no quiere hacerlo porque básicamente son estúpidos. Su sentido de la inteligencia procede de las convenciones sociales y de la fe ciega. Pero la única forma de superar las masas ilusorias es cultivar el amor propio y estar dispuesto a aceptarlo.

Ahí es donde veo que muchos fracasan, porque están recorriendo el camino pero tienen demasiado miedo de dar el salto final cuando se abre un portal y se presenta la oportunidad de dar un salto cuántico hacia una nueva realidad. A menudo, esta es la distancia que separa una simple decisión de aceptar un trabajo en el extranjero o probar una nueva idea de negocio. Sólo después de esta etapa aprendes la importancia de cultivar el aprecio por tu propio camino y sacarle el máximo partido.

Eso es lo que hago al final del día cuando admiro la puesta de sol dondequiera que esté, en Grecia, Malasia o cualquier otro país. Este sentimiento es mi triunfo sobre las mentiras del mundo. Es mi recompensa por mis logros, y es hermoso, aunque me lo haya pagado subiendo a la azotea del hotel más caro y alto que he podido encontrar.

Con el tiempo, verás cosas que no puedes describir con palabras ni hacer que los demás estén de acuerdo y crean, y ése es tu nirvana. No tienes que enfadarte con ellos ni sentir lástima por ellos. Sólo recuerda que ellos no tienen la capacidad mental de ver o imaginar lo mismo. Querrán cambiarte a ti más que a ellos mismos. También pensarán que estás loco por insistir en las mismas creencias que son contrarias a las suyas.

Lo que hace evidente que ellos están locos y tú estás sano son tus resultados. Pero nunca podrás hacerles creer lo mismo. Siempre que publico fotos bonitas, la gente me pregunta si las he sacado de Internet o si he utilizado alguna técnica para ponerme en ellas. Cuando afirmo ser el autor de docenas de libros, me preguntan cómo lo hago, suponiendo que robo la información. A la inmensa mayoría les faltan galaxias para ver algo. Morirán así.

No importa lo que piensen, mientras crees tu propio camino, porque tampoco les interesarán tus resultados. Pero, ¿a quién le importa?

Ayer estaba tomando un café durante una preciosa puesta de sol en una isla griega con un gato muy simpático a mi lado y no podía ser más feliz. No me importa lo que piensen los demás sobre lo que siempre he querido. Lo tengo. Eso es lo único que importa.

Glosario

Maltrato emocional: comportamiento que puede provocar un trauma psicológico, como ansiedad, depresión crónica o trastorno de estrés postraumático.

Ansiedad: Sentirse preocupado, nervioso o inquieto.

Apatía: Falta de interés, entusiasmo o preocupación.

Autoestima: confianza en la propia valía o capacidades.

Calumnia: Acto o delito de hacer una declaración falsa que daña la reputación de una persona.

Celos: sentimiento de envidia por los logros o ventajas de alguien.

Compasión: profunda conciencia y simpatía por el sufrimiento de los demás.

Confianza: creencia firme en la fiabilidad, la verdad, la capacidad o la fuerza de alguien o de algo.

Conflicto: Desacuerdo o discusión grave, normalmente prolongada.

Conciencia: estado de ser consciente y capaz de pensar sobre la propia existencia, los pensamientos y el entorno.

Depresión: sentimiento persistente de tristeza y pérdida de interés.

Depresión: sentimiento persistente de tristeza y pérdida de interés.

Determinismo: creencia filosófica de que todos los acontecimientos están completamente determinados por causas preexistentes.

Empatía: capacidad de comprender y compartir los sentimientos de otra persona.

Ignorancia: falta de conocimiento o de información.

Manipulación: acto de controlar o influir en alguien o algo de forma hábil, pero generalmente injusta o engañosa.

Motivación: Razón o razones para actuar o comportarse de una determinada manera.

Narcisismo: Interés excesivo o admiración por uno mismo y su aspecto físico.

Obsesión: idea o pensamiento que preocupa o invade constantemente la mente de una persona.

Ondas cerebrales: impulsos eléctricos en el cerebro que reflejan emociones y pensamientos.

Percepción: capacidad de ver, oír o darse cuenta de algo a través de los sentidos.

Propósito espiritual: determinación de vivir una vida significativa, normalmente caracterizada por un gran interés por la vida y un sentido de propósito.

Responsabilidad: Obligación de hacer algo o de controlar o cuidar a alguien.

Resentimiento: Amarga indignación por haber sido agraviado.

Salud mental: Estado de bienestar psicológico y emocional.

Supresión: acto de suprimir algo, como una actividad o una publicación.

Trauma: experiencia profundamente angustiosa o perturbadora.

Validación: reconocimiento o afirmación de que una persona o sus sentimientos u opiniones son válidos o merecen la pena.

Valor: valor o importancia de algo o de alguien.

Vergüenza: sentimiento doloroso de humillación o angustia causado por la constatación de una mala acción.

Celo: Gran energía o entusiasmo en la persecución de una causa u objetivo.

Bibliografía

Abdel-Khalek, A. (2011a). Subjective Well-Being and Religiosity in Egyptian College Students. Psychological Reports, 108, 54–58.

Abdel-Khalek, A. (2011b). The Development and Validation of the Arabic Scale of Mental Health (ASMH). Psychological Reports, 109, 949–964.

Ahmed, A. A., & Li, C. (2016). Locating and Collecting Cybercrime Evidences on Cloud Storage: Review. International Conferences on Information Science and System, 1–5.

Ahmed, A. O., Hunter, K. M., Mabe, A., Tucker, S., & Buckley, P. (2015). The Professional Experiences of Peer Specialists in the Georgia Mental Health Consumer Network. Community Mental Health Journal, 51, 424–436.

Alhafnawi, M., Salameh, H. A. B., Masadeh, A., Al-Obiedollah, H., Ayyash, M., El-Khazali, R., & Elgala, H. (2023). A Survey of Indoor and Outdoor UAV-Based Target Tracking Systems: Current Status, Challenges, Technologies, and Future Directions. IEEE Access, 11, 68324–68339.

Altıntepe, L., Levendoglu, F., Okudan, N., Guney, I., Cilli, A. S., Uğurlu, H., Tonbul, Z., Gokbel, H., & Turk, S. (2006). Physical disability, psychological status, and health-related quality of life in older hemodialysis patients and age-matched controls. Hemodialysis International, 10.

Amjoud, A. B., & AMROUCH, M. (2020). Convolutional Neural Networks Backbones for Object Detection. International Conference on Image and Signal Processing, 12119, 282–289.

Anil, K., & Garip, G. (2018). Coping strategies, vision-related quality of life, and emotional health in managing retinitis pigmentosa: a survey study. BMC Ophthalmology, 18.

Arends, S., Hofman, M., Kamsma, Y., Veer, E., Houtman, P., Kallenberg, C., Spoorenberg, A., & Brouwer, E. (2013). Daily physical activity in ankylosing spondylitis: validity and reliability of the IPAQ and SQUASH and the relation with clinical assessments. Arthritis Research & Therapy, 15(4), R99.

Bagaric, M. (2018). CRIMINAL LAW TECHNOLOGICAL INCARCERATION AND THE END OF THE PRISON CRISIS MIRKO BAGARIC.

Baker, P., & Brookes, G. (2022). Analysing Language, Sex and Age in a Corpus of Patient Feedback.

Banks, W., & Criddle, E. J. (2016). Customary Constraints on the Use of Force: Article 51 with an American Accent. Leiden Journal of International Law, 29, 67–93.

Becker, M., Kissick, D., & Ogata, C. (2017). Locating and Visualizing Crystals for X-Ray Diffraction Experiments. Methods in Molecular Biology, 1607, 143–164.

Bedell, C. (2003). A changing paradigm for cancer treatment: the advent of new oral chemotherapy agents. Clinical Journal of Oncology Nursing, 7(6 Suppl), 5–9.

Belingardi, G., & Scattina, A. (2023). Battery Pack and Underbody: Integration in the Structure Design for Battery Electric Vehicles—Challenges and Solutions. Vehicles.

Bobsin, A. E., Cassel, R. A., Fernandes, N., & Torres, P. (2021). Improving ELVs Components Locating in a Dismantling Company. Innovations in Industrial Engineering.

Bos, E., Snippe, E., Jonge, P., & Jeronimus, B. (2016). Preserving Subjective Wellbeing in the Face of Psychopathology: Buffering Effects of Personal Strengths and Resources. PLoS ONE, 11.

Boykin, R., McFeely, E., Shearer, D., Frank, J., Harrod, C., Nasreddine, A., & Kocher, M. (2013). Correlation Between the Child Health Questionnaire and the International Knee Documentation Committee Score in Pediatric and Adolescent Patients With an Anterior Cruciate Ligament Tear. Journal of Pediatric Orthopedics, 33, 216–220.

Brailovskaia, J., & Margraf, J. (2016). Comparing Facebook Users and Facebook Non-Users: Relationship between Personality Traits and Mental Health Variables – An Exploratory Study. PLoS ONE, 11.

Brasseur, S., Grégoire, J., Bourdu, R., & Mikolajczak, M. (2013). The Profile of Emotional Competence (PEC): Development and Validation of a Self-Reported Measure that Fits Dimensions of Emotional Competence Theory. PLoS ONE, 8.

Bredemeier, J., Wagner, G., Agranonik, M., Perez, T., & Fleck, M. (2014). The World Health Organization Quality of Life instrument for people with intellectual and physical disabilities (WHOQOL-Dis): evidence of validity of the Brazilian version. BMC Public Health, 14, 538–538.

Bull, T., & Mittelmark, M. (2009). Work life and mental wellbeing of single and non-single working mothers in Scandinavia. Scandinavian Journal of Public Health, 37, 562–568.

Butterfield, P., Yates, S., Rogers, B., & Healow, J. M. (2003). Overcoming subject recruitment challenges: strategies for successful collaboration with novice research agencies. Applied Nursing Research, 16(1), 46–52.

Buzalka, J. (2014). Important Experiences of CIP from the Perspective of a Fight Against Terrorism - Malicious Attacks. 2, 17–28.

Byrom, N. (2018). An evaluation of a peer support intervention for student mental health. Journal of Mental Health, 27, 240–246.

Byrnes, A., & Simm, G. (2013). PEOPLES' TRIBUNALS, INTERNATIONAL LAW AND THE USE OF FORCE. Social Science Research Network.

Campbell, C., & Cornish, F. (2021). Public health activism in changing times: re-locating collective agency. Critical Public Health, 31, 125–133.

Cannon, B. J., & Ali, J. H. (2018). Devolution in Kenya Four Years On: A Review of Implementation and Effects in Mandera County. African Conflict & Peacebuilding Review, 8, 1–28.

Chau, J., Ploeg, H. P., Dunn, S., Kurko, J., & Bauman, A. (2012). Validity of the occupational sitting and physical activity questionnaire. Medicine & Science in Sports & Exercise, 44(1), 118–125.

Chiba, R., Miyamoto, Y., Kawakami, N., & Harada, N. (2014). Effectiveness of a program to facilitate recovery for people with long-term mental illness in Japan. Nursing and Health Sciences, 16(3), 277–283.

Chikamori, F., Kuniyoshi, N., Shibuya, S., & Takase, Y. (2004). Perioperative music therapy with a key-lighting keyboard system in elderly patients undergoing digestive tract surgery. Hepato-Gastroenterology, 51(59), 1384–1386.

Chu, A. H., Ng, S., Koh, D., & Müller-Riemenschneider, F. (2015). Reliability and Validity of the Self- and Interviewer-Administered Versions of the Global Physical Activity Questionnaire (GPAQ). PLoS ONE, 10.

Chunta, K. S. (2009). Expectations, Anxiety, Depression, and Physical Health Status as Predictors of Recovery in Open-Heart Surgery Patients. Journal of Cardiovascular Nursing, 24, 454–464.

Coelho, M. S., Lacerda, M., Silva, M. H. C., & Rios, M. D. A. (2018). Locating the second mesiobuccal canal in maxillary molars: challenges and solutions. Clinical, Cosmetic and Investigational Dentistry, 10, 195–202.

Cohen-Cline, H., Turkheimer, E., & Duncan, G. (2015). Access to green space, physical activity and mental health: a twin study. Journal of Epidemiology and Community Health, 69, 523–529.

Collet, J., Vugt, M. D., Verhey, F., Engelen, N. J. J. A., & Schols, J. (2018). Characteristics of double care demanding patients in a mental health care setting and a nursing home setting: results from the SpeCIMeN study. Aging & Mental Health, 22, 33–39.

Compare, A., Zarbo, C., Marín, E., Meloni, A., Rubio-Arias, J., Berengüí, R., Grossi, E., Shonin, E., Martini, G., & Alcaraz, P. (2014). A Psychometric Tool for a Virtual Reality Rehabilitation Approach for Dyslexia. Computational and Mathematical Methods in Medicine, 2014, 1–7.

Damirchyiev, M., Komarov, V., & Komarova, T. (2019). PROTECTION OF UKRAINIAN BUSSINESS IN THE EUROPEAN UNION COMPETITION LAW. 4, 105–111.

Dimoff, J. K., & Kelloway, E. K. (2019). With a Little Help From My Boss: The Impact of Workplace Mental Health Training on Leader Behaviors and Employee Resource Utilization. Journal of Occupational Health Psychology, 24, 4–19.

Drew, J. M. (2013). Cold, warm, warmer, hot! Locating financial literacy hot spots. Journal of Financial Services Marketing, 18, 220–226.

Duncan, D. (2001). On the use and abuse of double effect. The National Catholic Bioethics Quarterly, 1(3), 321–325.

Durbin, C., & Wilson, S. (2012). Convergent validity of and bias in maternal reports of child emotion. Psychological Assessment, 24(3), 647–660.

Dwyer-Lindgren, L., Mackenbach, J., Lenthe, F. V., & Mokdad, A. (2017). Self-reported general health, physical distress, mental distress, and activity limitation by US county, 1995-2012. Population Health Metrics, 15, 1–12.

Eiroa-Orosa, F., & Lomascolo, M. (2018). Training Mental Health Activists Increases the Well-Being of Participants With High Baseline Levels of SelfStigma: Results of the Obertament Training Evaluation. American Journal of Orthopsychiatry, 88, 617–625.

Enright, T. (2019). Transit justice as spatial justice: learning from activists. Mobilities, 14, 665–680.

Eronen, J., Paakkari, L., Portegijs, E., Saajanaho, M., & Rantanen, T. (2018). Assessment of health literacy among older Finns. Aging Clinical and Experimental Research, 31, 549–556.

Farivar, S. S., Cunningham, W., & Hays, R. (2007). Correlated physical and mental health summary scores for the SF-36 and SF-12 Health Survey, V.1. Health and Quality of Life Outcomes, 5, 54–54.

Feng, X., Cao, J., Lü, J., & Chan, H. C. B. (2001). An Efficient Mailbox-Based Algorithm for Message Delivery in Mobile Agent Systems. Mobile Agents, 135–151.

Figueredo, A. J., & Rushton, J. (2009). Evidence for Shared Genetic Dominance Between the General Factor of Personality, Mental and Physical Health, and Life History Traits. Twin Research and Human Genetics, 12, 555–563.

Fishman, K. N., Levitt, A., Markoulakis, R., & Weingust, S. (2018). Satisfaction with Mental Health Navigation Services: Piloting an Evaluation with a New Scale. Community Mental Health Journal, 54, 521–532.

Flensborg-Madsen, T., S. Ventegodt, & Merrick, J. (2006). Sense of Coherence and Physical Health. A Cross-Sectional Study Using a New Scale (SOC II). TheScientificWorldJournal, 6, 2200–2211.

Freak-Poli, R., Lima, G. D. C., Direk, N., Jaspers, L., Pitts, M., Hofman, A., & Tiemeier, H. (2016). Happiness, rather than depression, is associated with sexual behaviour in partnered older adults. Age and Ageing, 46, 101–107.

Fregoso, G. C. (2024). Anti-racist alliances and solidarities: typologies, cases and experiences. Ethnic and Racial Studies, 47, 2433–2455.

Fu, R., & Noguchi, H. (2016). Does Marriage Make Us Healthier? Inter-Country Comparative Evidence from China, Japan, and Korea. PLoS ONE, 11.

Furber, G., & Segal, L. (2015). The validity of the Child Health Utility instrument (CHU9D) as a routine outcome measure for use in child and adolescent mental health services. Health and Quality of Life Outcomes, 13, 22.

García-Marín, J. (1970). The Use of Supervised Learning Algorithms in Political Communication and Media Studies: Locating Frames in the Press. Communication & Society.

Gerard, K. (2021). Locating leverage: contesting "empowerment lite" from the lower rungs of an aid chain. International Feminist Journal of Politics, 24, 721–743.

Ghorbani, F., & Soleimani, H. (2021). Simultaneous estimation of wall and object parameters in TWR using deep neural network. International Journal of Antennas and Propagation, abs/2111.04568.

Gradinaru, N. (2012). Comparative Study on Self-Defense in Case of Property Violation in Other States and Romania. Contemporary Readings in Law and Social Justice, 4, 298.

Gupta, O., Kumar, M., Mushtaq, A., & Goyal, N. (2020). Localization Schemes and Its Challenges in Underwater Wireless Sensor Networks. Journal of Computational and Theoretical Nanoscience, 17, 2750–2754.

Hampson, C., Conlan, O., & Wade, V. (2011). Challenges in Locating Content and Services for Adaptive eLearning Courses. 2011 IEEE 11th International Conference on Advanced Learning Technologies, 157–159.

Hartroth, J., & Hofmann, M. (1998). Using IP multicast to improve communication in large scale mobile agent systems. Proceedings of the Thirty-First Hawaii International Conference on System Sciences, 7, 64–73 vol.7.

Haverland, M. (2010). If Similarity is the Challenge – Congruence Analysis Should be Part of the Answer. European Political Science, 9, 68–73.

Houichi, M., Jaïdi, F., & Bouhoula, A. (2022). Analysis of Smart Cities Security: Challenges and Advancements. International Conference on Security of Information and Networks, 01–05.

Islam, S. R., Akther, T., Sultana, S., Deb, P., Ghosh, A., Nasif, Md. A. O., Bhuiyan, A., Jahan, M., Nessa, A., Munshi, S., & Tabassum, S. (2021). Challenges in the establishment of a biosafety testing laboratory for COVID-19 in Bangladesh. Journal of Infection in Developing Countries.

Solicitud de Reseña de Libro

Estimado lector,

Gracias por comprar este libro. Me encantaría tener noticias suyas. Escribir una reseña de un libro nos ayuda a entender a nuestros lectores y también influye en las decisiones de compra de otros lectores. Su opinión es importante. Por favor, escriba una reseña del libro. Agradecemos su amabilidad.

Sobre el autor

Dan Desmarques es un autor de renombre con una notable trayectoria en el mundo literario. Con una impresionante cartera de 28 bestsellers en Amazon, entre ellos ocho números 1, Dan es una figura respetada en el sector. Gracias a su formación como profesor universitario de escritura académica y creativa, así como a su experiencia como consultor empresarial experimentado, Dan aporta una combinación única de conocimientos a su trabajo. Sus profundas ideas y su contenido transformador atraen a un amplio público y abarcan temas tan diversos como el crecimiento personal, el éxito, la espiritualidad y el sentido profundo de la vida. A través de sus escritos, Dan anima a los lectores a liberarse de sus limitaciones, dar rienda suelta a su potencial interior y embarcarse en un viaje de autodescubrimiento y transformación. En un mercado tan competitivo como el de la autoayuda, el excepcional talento de Dan y sus inspiradoras historias lo convierten en un autor sobresaliente, que motiva a los lectores a interesarse por sus libros y emprender un camino de crecimiento personal e iluminación.

También escrito por el autor

1. 66 Days to Change Your Life: 12 Steps to Effortlessly Remove Mental Blocks, Reprogram Your Brain and Become a Money Magnet

2. A New Way of Being: How to Rewire Your Brain and Take Control of Your Life

3. Abnormal: How to Train Yourself to Think Differently and Permanently Overcome Evil Thoughts

4. Alignment: The Process of Transmutation Within the Mechanics of Life

5. Audacity: How to Make Fast and Efficient Decisions in Any Situation

6. Breaking Free from Samsara: Achieving Spiritual Liberation and Inner Peace

7. Breakthrough: Embracing Your True Potential in a

Changing World

8. Christ Cult Codex: The Untold Secrets of the Abrahamic Religions and the Cult of Jesus

9. Codex Illuminatus: Quotes & Sayings of Dan Desmarques

10. Collective Consciousness: How to Transcend Mass Consciousness and Become One With the Universe

11. Creativity: Everything You Always Wanted to Know About How to Use Your Imagination to Create Original Art That People Admire

12. Deception: When Everything You Know about God is Wrong

13. Demigod: What Happens When You Transcend The Human Nature?

14. Discernment: How Do Your Emotions Affect Moral Decision-Making?

15. Design Your Dream Life: A Guide to Living Purposefully

16. Eclipsing Mediocrity: How to Unveil Hidden Realities and Master Life's Challenges

17. Energy Vampires: How to Identify and Protect Yourself

18. Fearless: Powerful Ways to Get Abundance Flowing into Your Life

19. Feel, Think and Grow Rich: 4 Elements to Attract Success in Life

20. Find Your Flow: How to Get Wisdom and Knowledge from God

21. Hacking the Universe: The Revolutionary Way to Achieve Your Dreams and Unleash Your True Power

22. Holistic Psychology: 77 Secrets about the Mind That They Don't Want You to Know

23. How to Change the World: The Path of Global Ascension Through Consciousness

24. How to Get Lucky: How to Change Your Mind and Get Anything in Life

25. How to Improve Your Self-Esteem: 34 Essential Life Lessons Everyone Should Learn to Find Genuine Happiness

26. How to Study and Understand Anything: Discovering The Secrets of the Greatest Geniuses in History

27. Intuition: 5 Keys to Awaken Your Third Eye and Expand Spiritual Perception

28. Legacy: How to Build a Life Worth Remembering

29. Master Your Emotions: The Art of Intentional Living

30. Mastering Alchemy: The Key to Success and Spiritual

42. Spiritual Warfare: What You Need to Know About Overcoming Adversity

43. Starseed: Secret Teachings about Heaven and the Future of Humanity

44. Stupid People: Identifying, Analyzing and Overcoming Their Toxic Influence

45. Technocracy: The New World Order of the Illuminati and The Battle Between Good and Evil

46. The 10 Laws of Transmutation: The Multidimensional Power of Your Subconscious Mind

47. The 14 Karmic Laws of Love: How to Develop a Healthy and Conscious Relationship With Your Soulmate

48. The 33 Laws of Persistence: How to Overcome Obstacles and Upgrade Your Mindset for Success

49. The 36 Laws of Happiness: How to Solve Urgent Problems and Create a Better Future

50. The Alchemy of Truth: Embracing Change and Transcending Time

51. The Altruistic Edge: Succeeding by Putting Others First

52. The Antagonists: What Makes a Successful Person Different?

53. The Antichrist: The Grand Plan of Total Global

Enslavement

54. The Art of Letting Go: Embracing Uncertainty and Living a Fulfilling Life

55. The Awakening: How to Turn Darkness Into Light and Ascend to Higher Dimensions of Existence

56. The Egyptian Mysteries: Essential Hermetic Teachings for a Complete Spiritual Reformation

57. The Dark Side of Progress: Navigating the Pitfalls of Technology and Society

58. The Evil Within: The Spiritual Battle in Your Mind Deception: When Everything You Know about God is Wrong

59. The Game of Life and How to Play It: How to Get Anything You Want in Life

60. The Hidden Language of God: How to Find a Balance Between Freedom and Responsibility

61. The Most Powerful Quotes: 400 Motivational Quotes and Sayings

62. The Secret Beliefs of The Illuminati: The Complete Truth About Manifesting Money Using The Law of Attraction That is Being Hidden From You

63. The Secret Empire: The Hidden Truth Behind the Power

Happier and Healthier Life

74. Unbreakable: Turning Hardship into Opportunity

75. Uncommon: Transcending the Lies of the Mental Health Industry

76. Unlocked: How to Get Answers from Your Subconscious Mind and Control Your Life

77. Your Full Potential: How to Overcome Fear and Solve Any Problem

78. Your Soul Purpose: Reincarnation and the Spectrum of Consciousness in Human Evolution

Acerca del editor

Este libro fue publicado por 22 Lions Publishing.

www.22Lions.com

Printed in the USA
CPSIA information can be obtained
at www.ICGtesting.com
CBHW051407011124
16780CB00048B/811

9 798330 489602